Joost Hutsebaut, Liesbet Nijssens &
Miriam van Vessem

Die Kraft des Mentalisierens. Eine Einführung

Emotionen verstehen,
Beziehungen verbessern

Aus dem Niederländischen
von Bärbel Jänicke

Klett-Cotta

Die Übersetzung und Publikation des Bandes ist ein Produkt des von Movetia Schweizer Agentur für Austausch und Mobilität geförderten Projektes «MentEd.ch – Bringing mentalisation-based education to Switzerland» (Projektnr.: 022-1-CH01-IP-0046; Projektleitung: Prof. Pierre-Carl Link) an der Interkantonalen Hochschule für Heilpädagogik (HfH) Zürich, Schweiz.

MIX
Papier | Fördert gute Waldnutzung
FSC® C083411

Klett-Cotta
www.klett-cotta.de
Die Originalausgabe erschien unter dem Titel » De kracht van mentaliseren«
bei Boom, Amsterdam

Cover: Jutta Herden, Stuttgart
unter Verwendung einer Abbildung von Valenty/Adobe Stock
Gesetzt von Eberl & Koesel Studio, Kempten
Gedruckt und gebunden von CPI – Clausen & Bosse, Leck
ISBN 978-3-608-96625-1
E-Book ISBN 978-3-608-12269-5
PDF-E-Book ISBN 978-3-608-20679-1

Bibliografische Information der Deutschen Nationalbibliothek
Die Deutsche Nationalbibliothek verzeichnet diese Publikation in der Deutschen Nationalbibliografie; detaillierte bibliografische Daten sind im Internet über http://dnb.d-nb.de abrufbar.

Inhalt

Vorwort zu Die Kraft des Mentalisierens

Was heißt »Mentalisieren«? Mentalisieren ist die Fähigkeit, sich Gefühle, Gedanken, Einstellungen (»mental states«) als Motive für Handlungen vorzustellen. Mentalisieren ist auch so etwas wie eine Alltagspsychologie und reicht tief in die Menschheitsgeschichte zurück. Wir alle beschäftigen uns mehr oder weniger gelungen mit Motiven anderer und unseren eigenen. Wir überlegen auch, wie wir auf andere wirken oder was andere über uns denken. Für das Zusammenleben des modernen Menschen (homo sapiens) ist die Kooperation entscheidend für sein Überleben. »Dazu reicht es aber nicht, zu wissen, wo sich Löwen und Büffel aufhalten. Es ist viel wichtiger, zu wissen, wer in der Gruppe wen nicht leiden kann, wer mit wem schläft, wer ehrlich ist und wer andere beklaut [...]« (Harari, Y.N. (2013). Eine kurze Geschichte der Menschheit, S. 35). Diese Art zu denken wird auch als soziale Kognition bezeichnet, und Mentalisieren ist ein Teil davon.

Es ist ein großer Verdienst von Joost Hutsebaut, Liesbet Nijssens und Miriam van Vessem, die wissenschaftlichen Erkenntnisse erstmals auch außerhalb wissenschaftlicher Fachzeitschriften, Publikationen oder Kongresse zusammenzufassen und gut verständlich und alltagsnah darzustellen. Die gelungene Darstellung und die vielen Fallbeispiele machen den Mentalisierungsansatz »greifbar« und bringen ihn auf den Punkt. Die direkte Ansprache der Leserin oder des Lesers lädt ein, über sich und andere zu reflektieren.

Damit stellen sie eine Verbindung vom Therapieraum zum Abendbrottisch her. Das ist nicht nur überaus klug und innovativ, denn wesentliche Veränderungen finden nicht allein im Therapiezimmer, sondern zwischen den Psychotherapiesitzungen statt, es spricht auch

Familienangehörige, Lehrer:innen, pädagogische Fachkräfte, Kolleg:innen und interessierte Mitmenschen an. Es sind die Beziehungen zu diesen Menschen, die unsere Entwicklung beeinflussen.

Peter Fonagy, Professor für Psychologie in London und einer der Begründer des Mentalisierungsmodells, kritisierte auf einer Tagung in Ludwigsburg im Jahr 2019 die Entwicklungen in Psychotherapie und Psychiatrie insofern, dass sie sich zu stark auf den Patienten oder die Patientin, ihr Innenleben und ihre Probleme konzentrierten und zu wenig die soziale Umwelt, die bedeutsamen Bezugspersonen und alltäglichen Begegnungen miteinbeziehen. Das vorliegende Buch *Die Kraft des Mentalisierens* füllt nun diese Lücke und schafft eine Verbindung von Wissenschaft und Psychotherapie mit Pädagogik, Bildung und Reflexion im Alltag.

Über seine psychotherapeutische und forschende Tätigkeit hinaus ist Prof. Dr. Joost Hutsebaut Mitglied des internationalen Netzwerks *MentEd* (steht für Mentalization and Education, siehe www.mented.eu) und hat an der Entwicklung und Durchführung eines *Mentalisierungstrainings für pädagogische Fachkräfte und Studierende* mitgearbeitet. Die Arbeit dieses internationalen Netzwerks wurde von der *Deutschen Forschungsgemeinschaft* (DFG GZ: GI 1274/1-1) ebenso wie von der *Europäischen Union* (Erasmus+ 2019-1-DE01-KA203-004967) und der Schweizer Agentur Movetia gefördert. Auch hat Movetia die Herausgabe dieses Buches *Die Kraft des Mentalisierens* finanziell unterstützt. Die Übersetzung ist ein Produkt des von Movetia geförderten Projektes »MentEd.ch – Bringing mentalization-based education to Switzerland« (Projektnr.: 2022-1-CH01- IP-0046). Wir danken Joost Hutsebaut und den Autorinnen Liesbet Nijssens und Miriam van Vessem für ihre innovative, weitreichende und gelungene Arbeit und danken den Organisationen für ihre Unterstützung bei der Weiterentwicklung und Verbreitung des Mentalisierungsansatzes in der Pädagogik, der Sozialen Arbeit, in der Schule, der Prävention und Gesundheitsförderung und wünschen dem Buch, dass »*Mentalisierung und epistemisches Vertrauen uns dabei helfen kann, öfter die bessere Version von uns selbst zu sein*«.

Für das internationale Netzwerk MentEd

Prof. Dr. Holger Kirsch
Evangelische Hochschule Darmstadt

Prof. Dr. Stephan Gingelmaier
Pädagogische Hochschule Ludwigsburg

Prof. Pierre-Carl Link
Interkantonale Hochschule für Heilpädagogik, Zürich

KAPITEL 1

Warum dieses Buch?

Vielleicht merken Sie, dass Sie mit Ihrem Partner, Ihrer Partnerin immer wieder in die gleichen Streitereien geraten. Dabei geht es eigentlich um gar nichts, und Sie haben sich schon öfter gefragt, warum es Ihnen einfach nicht gelingt, damit aufzuhören. Vielleicht fragen Sie sich, warum Sie für Ihre Tochter sehr viel Geduld aufbringen können, nicht aber für Ihren Sohn. Nicht, dass Sie Ihre Tochter mehr lieben würden. Und doch reagieren Sie unterschiedlich auf Ihre beiden Kinder. Vielleicht haben Sie sich als Lehrer:in manchmal machtlos gefühlt. Das Vorgehen, das bei anderen Kindern funktioniert, scheint bei diesem einen Schüler, dieser Schülerin nicht zu greifen. Oder vielleicht kommen Sie mit all Ihren Kolleg:innen gut aus, aber es gibt den einen, der Sie immer wieder auf die Palme bringt.

Und Sie? Sie verdrängen Ihre Verärgerung. Vielleicht schämen Sie sich für manche Gedanken oder Gefühle. Oder Sie haben die Nase voll davon, dass manche Dinge anders laufen als gewünscht. Und doch: Jeder Mensch hat damit zu tun. Der Kontakt mit anderen verläuft nun einmal nicht immer so, wie wir es uns wünschen. Wir sind nicht immer die beste Version von uns selbst. Manchmal überreagieren wir und machen ständig die gleichen Fehler. Oft fühlen wir uns von anderen nicht verstanden. Oder wir haben das Gefühl, dass wir den anderen nicht mehr erreichen können. Das kann zu Missverständnissen, Unverständnis, Frustration, Reibereien und manchmal zu Einsamkeit führen.

Ein wichtiger Grund, warum die Dinge schieflaufen, liegt darin, dass wir die Gedanken und Gefühle von anderen nicht direkt sehen können. Wir können wohl über sie nachdenken, und wir können uns ein Bild von ihnen machen, aber dabei können wir danebenliegen. Und manchmal beschäftigen wir uns nicht mit unseren eigenen Gedanken und Gefühlen. Wir handeln einfach. Warum? Darum!

> Denken Sie einmal an den letzten Streit, den Sie hatten. Können Sie sich in Erinnerung rufen, worum es in diesem Streit ging? Wahrscheinlich war der Inhalt nicht einmal so wichtig, und doch ist das Gespräch oder die Diskussion entgleist. Wissen Sie noch, wie Sie sich bei diesem Streit gefühlt haben? Und was denken Sie, wie sich die andere Person gefühlt hat? Oder vielleicht kommen Sie gar nicht so schnell in einen offenen Streit und die Distanz entsteht eher unausgesprochen. Fühlen Sie sich manchmal allein und unverstanden?

1.1 Mentalisieren und epistemisches Vertrauen

In diesem Buch geht es um Menschen, um die Beziehungen zwischen ihnen und darum, wie diese manchmal scheitern können. Der Grundgedanke lässt sich wie folgt zusammenfassen: Wenn wir unseren eigenen Gefühlen, Bedürfnissen und Absichten und denen anderer mehr Aufmerksamkeit schenken (d. h. besser *mentalisieren*), werden unsere Kontakte und Beziehungen angenehmer, sicherer und besser verlaufen, und wir werden einander besser erreichen und helfen können (d. h. es entsteht größeres *epistemisches Vertrauen*). Dies gilt für die Beziehungen zu Eltern, Partner:innen und Kindern, aber auch für unseren Kontakt zu Freund:innen, Kund:innen und Kolleg:innen.

Mentalisieren ist ein komplizierter Begriff für einen wichtigen und sehr natürlichen Prozess, den wir alle kennen. Es bedeutet, dass wir unser eigenes Verhalten und das anderer Menschen von dem her zu verstehen versuchen, was möglicherweise hinter diesem Verhalten stecken könnte: den Bedürfnissen eines Menschen, seinen oder ihren Absichten, den Gefühlen oder Erwartungen, aus denen heraus Sie selbst oder andere etwas tun. Mentalisieren bedeutet, nicht nur zu sehen, was die andere Person *tut*, sondern auch zu versuchen, den *Hintergrund* davon zu verstehen. Wir alle tun das, jeden Tag. Wenn wir sehen, dass unser Partner, unsere Partnerin traurig ist, fragen wir uns, was vor sich geht. Wir denken darüber nach, woran es liegen könnte, ob wir vielleicht selbst etwas getan haben. Manchmal merken Sie vielleicht, dass

Sie sehr stark auf jemanden reagieren, und fragen sich, woher diese plötzliche Reaktion kommt. Sie können dann darüber nachdenken, was Sie in diesem Moment so leicht reizbar macht: Hängt Ihnen noch der Streit von gestern nach? Hatten Sie einen schweren Tag auf der Arbeit? Oder ... es gibt so viele Gründe zu bedenken, warum Sie auf die andere Person losgehen.

Mentalisieren ermöglicht epistemisches Vertrauen. Epistemisches Vertrauen ist das Vertrauen darauf, dass andere Sie etwas lehren können, dass andere Ihnen etwas bieten können, das wirklich wichtig ist. In der klinischen Praxis sagen wir manchmal, dass sich Menschen »mentalisiert fühlen«: Sie erleben, dass sie in ihrer eigenen Innenwelt verstanden und anerkannt werden. Aufgrund dieser Erfahrung sind sie eher bereit, sich auf die Perspektive des anderen einzulassen. Wenn Sie das Gefühl haben, dass ein:e andere:r Ihre schwierige Situation wirklich von innen heraus versteht, werden Sie auch mehr von dieser anderen Person annehmen. Mentalisieren versetzt Sie also in die Lage, den anderen zu erreichen.

Das klingt vielleicht einfach und selbstverständlich. Doch hinter dieser grundlegenden Aussage steckt eine Menge Theorie und Forschung. Oftmals komplizierte Theorien darüber, wie wir als Menschen aufwachsen und wie dies uns zu der Person formt, die wir heute sind, darüber, wie wir Beziehungen eingehen (*Bindung* und Bindungsstile), und über das Wissen, das wir in der Beziehung zu anderen gewinnen (*epistemisches Vertrauen*). Mit diesem Buch wollen wir diese reichhaltigen Theorien zugänglich und überdies für das alltägliche Leben anwendbar machen: in Ihrer Beziehung, Ihrer Familie, Ihrem Freundeskreis und am Arbeitsplatz. Denn wir glauben, dass eine gezieltere Beachtung von Mentalisierung und epistemischem Vertrauen uns dabei helfen kann, öfter die bessere Version von uns selbst zu sein.

> Gehen Sie einmal kurz in sich, was Sie von diesem Buch erwarten. Was hoffen Sie zu finden? Wonach verspüren Sie ein Bedürfnis? Denken Sie oft über sich selbst und andere nach? Fällt es Ihnen leicht, mit Emotionen umzugehen? Oder finden Sie das eher Wischiwaschi und soft? Sind Sie eher der Anpacker und Macher?

Bevor Sie weiterlesen, ein Wort der Warnung. Bei diesem Buch handelt es sich nicht um ein klassisches Selbsthilfebuch, in dem Sie konkrete Verhaltensratschläge finden, die es Ihnen ermöglichen sollen, immer richtig zu handeln. Das Buch enthält eine ganze Reihe von Tipps, aber keine Patentlösungen. Die Ratschläge, die wir geben, sind nicht so konkret oder unmittelbar anwendbar, dass Sie sofort wüssten, was Sie in unterschiedlichen Situationen, in denen Beziehungen schwierig verlaufen, sagen oder tun sollten. Wir können Ihnen also nicht sagen, wie Sie Ihre Gereiztheit gegenüber Ihrer Kollegin ändern oder auch für Ihren Sohn mehr Geduld aufbringen können. Wenn solche Ratschläge immer funktionieren würden, wäre Elternschaft ein Kinderspiel, und jede Beziehung würde reibungslos verlaufen. Wir denken aber, dass wir Ihnen den Weg beschreiben können, auf dem Sie die Situation vielleicht selbst besser verstehen und dadurch besser bewältigen können. Dass die Ratschläge nicht sehr konkret sind, kommt nicht von ungefähr. Wir sind nämlich der Ansicht, dass solche verhaltensorientierten Ratschläge zum Scheitern verurteilt sind, weil sie den tieferen Sinn des Verhaltens außer Acht lassen. Denn ein und dasselbe Verhalten kann unterschiedliche Gründe haben. Nehmen wir an, jemand will Ihnen einen Rat dazu geben, wie es Ihnen gelingen könnte, Ihrem Partner, Ihrer Partnerin gegenüber nicht so schnell ausfällig zu werden. Welchen Inhalt dieser Ratschlag hat, hängt vielleicht davon ab, warum Sie ausfallend geworden sind. Handelte es sich um einen einmaligen Ausbruch – beispielsweise weil Ihnen ein Streit vom Vortag noch zusetzt –, ist es vielleicht ratsam, ein klärendes Gespräch über diesen Vorfall zu suchen. Sind Sie aber ausgerastet, weil Sie sich seit Monaten beruflich überlastet fühlen und deshalb zu Hause viel reizbarer sind, liest sich ein angemessener Ratschlag ganz anders. Der Punkt ist: Man kann nur dann den besten Ratschlag geben, wenn man die spezifische Bedeutung des Verhaltens in dieser speziellen Situation kennt. Außerdem wird der Ratschlag in der Regel nur in einer Interaktion angenommen, in der es zu einem echten Kontakt kommt. Bei unseren Tipps in diesem Buch geht es also um den Prozess des Mentalisierens, der notwendig ist, um Verhalten zu verstehen und einen besseren Kontakt zu erreichen. Erst dieser Prozess wird Sie in die Lage versetzen, selbst zu überlegen, was Sie in der jeweiligen Situation anders oder besser machen können.

1.2 Verhalten und was sich dahinter verbirgt

Menschen sind soziale Wesen. Wie wir über uns selbst denken oder wie wohl wir uns in unserer Haut fühlen, hängt oft davon ab, wie angenehm die Kontakte mit anderen verlaufen. Als Elternteil fühlen Sie sich wertvoll, wenn Sie eine gute Beziehung zu Ihrem Kind erleben. Als Partner:in fühlen Sie sich wertgeschätzt, wenn Sie merken, dass sich der/die andere um sie kümmert. Wenn etwas nicht gut läuft, sind wir oft versucht, das Verhalten der anderen Person zu ändern. Das Verhalten ist der sichtbarste, greifbarste Anknüpfungspunkt, um etwas in der Beziehung zu ändern. Ein Mann wünscht sich von seiner Frau, öfter auf ihn Rücksicht zu nehmen, damit er das Gefühl hat, dass sie sich um ihn kümmert. Eine Mutter möchte, dass sich ihr Kind bei einem Besuch benimmt, damit sie stolz sein kann. Wie viele Erziehungsbücher gibt es nicht, die uns lehren, wie wir das Verhalten eines Kindes steuern können? Wie oft haben Sie von Ihrem Partner, Ihrer Partnerin nicht ein gewisses »Verhalten« gefordert?

Die Steuerung von Verhalten ist nicht nur deshalb schwierig, weil Verhalten eine Ausdrucksform ist, hinter der sich unterschiedliche Erfahrungen oder Gründe verbergen können. Noch grundlegender ist, dass wir, wenn wir nur das Verhalten steuern, etwas Wesentliches übersehen, das viel wichtiger ist als das Verhalten, das eine Person zeigt. Lassen Sie uns diesen Punkt anhand von zwei Beispielen näher verdeutlichen.

Bernd und Denise

Bernd unterrichtet in der 6. Klasse. In seiner Klasse ist auch Denise. Sie stört regelmäßig den Unterricht, weil sie sehr wütend werden kann und sich mit ihren Mitschüler:innen zankt. Ihre Mitschüler:innen haben Angst vor ihr, und niemand sitzt gerne neben ihr.

Nehmen Sie sich einen Moment Zeit, um über dieses Beispiel nachzudenken. Welche Gedanken haben Sie dazu? Was löst es in Ihnen aus? Wie würden Sie selbst reagieren, wenn sich Denise zum x-ten Mal wütend und feindselig äußert? Was veranlasst sie, so zu reagieren?

Das Verhalten von Denise ist in der Klasse schwer zu händeln. Sie stört den Unterricht, andere Kinder haben Angst vor ihr. Andere Eltern haben sich beschwert, weil ihre Kinder von Denise geschlagen oder getreten werden. Dem Verhalten von Denise muss Einhalt geboten werden.

Bernd hat deshalb ein Belohnungssystem für die Gruppe entwickelt. Nach zwei Monaten Arbeit mit diesem System scheint es Wirkung zu zeigen. Die Gruppe ist ruhiger geworden, und Denise macht auch im Unterricht besser mit. Das Verhalten von Denise hat nicht aufgehört, aber es nimmt allmählich ab. Denise hat gelernt, ihr Verhalten besser zu kontrollieren. Dies ist ein ausgezeichneter Ansatz, der im Allgemeinen sowohl für Denise und Bernd als auch für die Mitschüler funktioniert. Aber manchmal kann Denise sich wirklich nicht mehr zurückhalten und rastet dann immer noch aus. Eigentlich bleibt sie ein bisschen ein Problemkind, und die anderen Kinder halten doch etwas Abstand zu ihr. Denise hat auch das Gefühl, dass sie weiterhin etwas anders mit ihr umgehen, aber sie versteht nicht wirklich, warum: Sie hält sich doch fast immer zurück?

Der verhaltenstherapeutische Ansatz hat zwar zu einer gewissen Beruhigung geführt, und auch Denises Verhalten hat sich geändert, dennoch ist etwas Wesentliches unverändert geblieben, die Art und Weise, wie sich Denise fühlt und wie sie sich selbst sieht. Auch andere haben vielleicht nicht begonnen, sie wesentlich anders zu sehen oder zu erfahren, obwohl sich ihr Verhalten verbessert hat. Denise sieht sich weiterhin als »Problemkind«, das niemand wirklich mag. Andere betrachten sie weiterhin als »schwierig« und unberechenbar. Das Verhalten ist zwar unter Kontrolle, aber die zugrunde liegenden Vorstellungen bleiben bestehen. Kurz gesagt, wie wichtig dieser Ansatz für die Erziehung oder die Arbeit mit einer Klasse auch ist, es fehlt ihm doch etwas: etwas, das Denise und ihre Beziehungen zu anderen wesentlich verändern kann.

Bevor Sie weiterlesen, denken Sie einen Moment darüber nach, wie es für Denise ist, in der Klasse zu sein. Wie fühlt sie sich wohl? Wie sehen sie die anderen? Wie erlebt sie, wie sie von den anderen gesehen wird?

Bernd hat nun etwas mehr Ruhe in die Klasse gebracht, merkt aber, dass sich Denise immer noch nicht wohlfühlt. Er hat das Gefühl, dass sie bei Gruppenarbeiten oft nicht ganz dazugehört. Die anderen Schüler:innen reagieren ein wenig anders auf sie. Während einer Gruppenarbeit ärgert sich Denise, weil Mira aus ihrer Gruppe nicht auf ihre Beiträge eingeht. Denise beginnt lauter zu reden, aber dadurch scheint sie noch weniger ernst genommen zu werden. Plötzlich stößt sie den Tisch weg und brüllt, dass die anderen Gruppenmitglieder Idioten seien. Bernd beobachtet dies aus einem gewissen Abstand und merkt dabei, dass er sich nicht nur darüber ärgert, wie die Dinge aus dem Ruder laufen, sondern auch etwas von Denises Traurigkeit spürt. Er sieht, dass Denise dem Anschein nach rebellisch und ärgerlich wird, wenn sie sich übergangen fühlt. Möglicherweise vertraut sie ohnehin schon wenig darauf, dass sie dazugehört. Und wenn die anderen Gruppenmitglieder ausgerechnet ihr gegenüber dann vorsichtiger und distanzierter sind, wird sie in diesem Gefühl noch weiter bestätigt. Indem Bernd auf diese Weise über sie nachdenkt, entwickelt er mehr Empathie für die möglichen Gründe und Gefühle, aus denen heraus Denise manchmal so unangenehm reagiert. Er beschließt, sie nach dem Unterricht zu sich zu rufen:

> »Du erwartest vielleicht, dass ich jetzt wütend auf dich bin, weil es gerade schiefgelaufen ist, aber ich würde gerne mit dir darüber reden, was genau passiert ist. Darüber, warum es so schiefgelaufen ist. Denn ich habe auch gesehen, wie du dich anfangs wirklich bemüht hast, dazuzugehören und mitzumachen. Ist das richtig?«

Wie könnte das auf Denise wirken? Vielleicht ist sie etwas überrascht, weil der erwartete Rüffel ausbleibt. Vielleicht fühlt sie sich sehr gesehen, weil Bernd über ihr Verhalten hinaus auf ihre Beweggründe schaut.

Bernd: »Ich habe das Gefühl, dass es für dich besonders unangenehm war, als Mira nicht auf deinen Vorschlag eingegangen ist.« »Dann tut sie so, als dürfe ich nicht mit den anderen mitmachen«, fügt Denise hinzu, während sie auf ihre Füße schaut. Bernd nickt: »Ich weiß nicht, ob das Miras Absicht ist, aber ich habe bemerkt, dass dich ihre Bemerkung getroffen hat.« »Ja, sie haben mich einfach ausgeschlossen!« Bernd spiegelt: »Das klingt sehr traurig, wo du doch wirklich dein Bestes geben wolltest. Und es war für dich wohl sehr schmerzhaft, dass die anderen das nicht zu sehen schienen.« Denise schaut auf: »Ja, dann komme ich mir so dumm vor, dass ich nur noch wütend reagieren kann.«

Hier geht Bernd weiter, als Denise in ihrem Verhalten einzuschränken. Natürlich darf sie sich in der Klasse so nicht gehen lassen. Aber er geht darauf ein, warum sie es tut. Und er bringt sie dazu, selbst darüber nachzudenken. So hilft er ihr, ihr eigenes Verhalten besser zu verstehen. Und besser zu verstehen, welche Wirkung das auf die anderen Kinder in der Gruppe hat. Und wie diese aufgrund dieser Wirkung wieder auf Denise reagieren …

Was in diesem Beispiel geschieht, ist, dass Bernd begonnen hat, über Denise zu *mentalisieren*. Das schafft so etwas wie Verständnis in ihm selbst und zwischen den beiden. Er gibt Denise die Sicherheit, sich mit sich selbst zu beschäftigen. Er schafft eine Verbindung zu Denise und hilft ihr, sich selbst und ihre Beziehungen zu anderen besser zu verstehen und zu regulieren. Natürlich nicht durch ein einmaliges Gespräch, sondern indem er sie immer wieder ermutigt, auf das zu achten, was jenseits des Verhaltens mit den Kindern in der Klasse geschehen könnte, und die Auswirkungen davon auf sich selbst wahrzunehmen.

Über das Belohnungssystem lernt Denise, ihr Verhalten zu kontrollieren. Das ist wichtig und angenehm: für Denise, weil sie nun seltener als »störend« oder »lästig« empfunden wird, und für Bernd und den Rest der Klasse, weil sie den Unterricht nicht mehr stört und sich auch anderen Kindern nicht mehr aggressiv nähert. Indem mentalisierend auf sie eingegangen wird, fühlt sich Denise in ihrer Angst und Traurigkeit darüber, wie es in der Klasse abläuft, gehört. Denise lernt so nicht nur, ihr Verhalten zu *kontrollieren*. Sie lernt auch, ihr Verhalten und damit auch ihre Emotionen besser zu *verstehen* und dadurch besser zu *regulieren*.

Ein mentalisierendes Vorgehen wirkt sich auf die Qualität der Beziehung zwischen Bernd und Denise aus. Es wirkt sich auch auf Denises Selbstbild aus – sie selbst war zu der Überzeugung gelangt, dass sie ein schwieriges und lästiges Kind ist. Und das kann sich auf das Bild auswirken, das die anderen in der Klasse von Denise haben. Neben der Kontrolle ihres Verhaltens lernt Denise also viele wichtige Dinge, die ihr auch in ihrem gesamten Leben weiterhelfen können: Statt ein schwieriges Kind zu sein, ist sie jemand mit Emotionen und Verhaltensweisen, die sie verstehen lernen und mit denen sie daher auch besser umgehen lernen kann. Und gerade das ist für den Rest ihres Lebens so überaus wertvoll.

Nehmen wir ein zweites Beispiel hinzu, mit dem wir noch näher verdeutlichen können, worum es uns geht.

Jan und Saskia

Jan und Saskia sind seit 12 Jahren zusammen. Letztes Jahr haben sie eine schwere Krise durchgemacht. Jan ist damals mit einer Arbeitskollegin fremdgegangen. Sie haben sich kurz darauf getrennt, sind dann aber doch wieder zusammengekommen. Jan hat den Job gewechselt. Seit diesem Vorfall ist er besonders aufmerksam. Er ist darauf bedacht, regelmäßig pünktlich nach Hause zu kommen, er bringt Blumen mit und sagt Saskia viel öfter als früher, dass er sie liebt. Trotzdem bleibt Saskias Misstrauen bestehen. Sie sprechen auch nie wieder richtig über das, was passiert ist. Jan findet es frustrierend, dass Saskia nicht über den Vorfall hinwegkommen kann. Tut er denn nicht alles, was er kann, um ihr klarzumachen, dass er falschgelegen hat? Wann wird es für sie wieder gut sein? Saskia ihrerseits merkt, dass sie Jan nicht mehr vertraut. Warum kann es nicht noch einmal passieren?

Jan und Saskia befinden sich in einer Sackgasse. Seit dem Vorfall ist Jans Verhalten tadellos. Doch das ändert weder etwas an Saskias Bild noch an dem Misstrauen, das sie ihm entgegenbringt. Für Jan ist das frustrierend: Er verhält sich vertrauenswürdig, aber in Saskias Augen ist er nicht vertrauenswürdig. Wie bei Denise fehlt etwas Wesentliches, um wirklich eine Veränderung herbeizuführen. Man könnte sagen, dass Jans vertrauenswürdiges Verhalten bei Saskia nicht ankommt. Mehr noch, es könnte sie nur noch misstrauischer machen: Warum legt er sich so ins Zeug? Hat er noch mehr zu verbergen? Wie kann sie ihm jemals wieder vertrauen? Das ist auch für Saskia frustrierend: Sie möchte ihm gern wieder vertrauen können, aber es gelingt ihr nicht.

Ob es zwischen Saskia und Jan gut werden wird, wissen wir nicht. Aber was hier passiert, kann vielleicht doch nachvollzogen werden. Wir können auch darüber nachdenken, was Saskia brauchen könnte, damit sie Jan gegenüber weniger misstrauisch sein und ihr verletztes Vertrauen wirklich zu heilen beginnen kann. Könnte es sein, dass Saskia vor allem das Gefühl braucht, dass Jan in jeder Faser seines Körpers versteht, wie schmerzhaft und verletzend der Vorfall für sie gewesen ist? Dass auf diese Weise wieder ein echter Kontakt zwischen ihnen entstehen kann?

Wir alle mentalisieren, aber es gibt viel zu gewinnen, wenn wir dem mehr Aufmerksamkeit schenken. Sich gesehen und verstanden zu fühlen, ist ein wichtiges Grundbedürfnis und mitentscheidend dafür, wie man sich selbst und die Welt wahrnimmt. Dieses Buch fasst zusammen, was wir über gesunde Entwicklung, Bindung, Sicherheit, Resilienz, Vertrauen, Lernen von anderen und Mentalisieren wissen, und ist voller aus dem Leben gegriffener Beispiele. Es bietet Einblicke in die Möglichkeiten, jegliche Beziehung, ob beruflich oder privat, anhand der Erkenntnisse von Bindungs- und Entwicklungstheorien zu verbessern. Wir hoffen, dass es nicht nur reich an Wissen ist, sondern Leser:innen vor allem dabei hilft, von Zeit zu Zeit die etwas bessere Version von sich selbst sein zu können.

KAPITEL 2

Was Mentalisieren genau bedeutet

Als Mensch brauchen wir Beziehungen. Ärgerlicherweise verlaufen diese Beziehungen jedoch nicht immer reibungslos. Oft haben unsere Konflikte und Verstimmungen ihre Wurzeln in Missverständnissen. Warum räumt er seinen Dreck nicht weg, obwohl ich ihn jeden Morgen aufs Neue darum bitte? Warum reagiert sie so abweisend, wenn ich ihr zu helfen versuche? Mentalisieren kann der Schlüssel zum gegenseitigen Verständnis sein und damit einen wichtigen Nährboden für Konflikte beseitigen. In diesem Kapitel untersuchen wir den Prozess des Mentalisierens anhand eines Fallbeispiels, das sich in der Sekundarschule abspielt: Mathelehrer Erik versucht, das störende Verhalten des 15-jährigen Tom in den Griff zu bekommen.

Erik und Tom

Erik ist Lehrer. Er hat ein schwieriges Schuljahr hinter sich. Als Klassenlehrer war er für eine Klasse verantwortlich, in der es viele Probleme gab. Sein sanftmütiger Ansatz hat nicht wirklich gut funktioniert. Außerdem war er eine Zeit lang krank und brauchte Zeit, um sich zu erholen, sodass er nicht die Energie in seine Klasse stecken konnte, die vielleicht nötig gewesen wäre. Besonders ärgerlich war, dass er sich dafür auch im Lehrerzimmer missbilligenden Blicken ausgesetzt gefühlt hatte. Seine Kolleg:innen sagten es zwar nicht so deutlich, aber er spürte, dass sie der Meinung waren, er hätte im vergangenen Jahr mit der Klasse strenger sein sollen. In diesem Schuljahr ist er daher auch sehr bemüht, solche Schwierigkeiten zu vermeiden. Ein Kollege sprach ihn darauf an, dass er in diesem Schuljahr besonders auf Tom achtgeben müsse. Der machte seit letztem Jahr immer mehr Probleme – vor allem in Mathe, dem Fach, das Erik unterrichtet.

Der 15-jährige Tom kann zwar recht gut lernen, aber Mathe liegt ihm überhaupt nicht. Auch mit seinem Mathelehrer hat er sich letztes Jahr nicht verstanden. Der machte manchmal Bemerkungen, durch die er sich noch unsicherer und dümmer fühlte. Er ist ohnehin nicht sehr selbstsicher und wurde im letzten Schuljahr von einigen Jungen in seiner Klasse etwas schikaniert. Deshalb sieht er dem Beginn des neuen Schuljahres mit ziemlicher Aufregung entgegen. Zum Glück ist er seinen alten Mathelehrer losgeworden. Über dessen Nachfolger hat er bisher nur gehört, dass er nicht gut für Ordnung sorgen kann.

Schon in den ersten Wochen merkt Erik, wovon sein Kollege gesprochen hat: Während des Matheunterrichts ist Tom oft mit anderen Dingen beschäftigt. Er unterhält sich mit Mitschüler:innen, kritzelt in seinem Übungsheft herum – der Mathe-Stoff scheint ihn wenig zu interessieren. Seine Hausaufgaben macht er oft gar nicht oder nur unvollständig. Schlimmer noch: Wenn Erik ihm Fragen stellt, antwortet er mit Witzen, mit denen er in der Klasse für Lacher sorgt. Erik nimmt sich vor, Tom an der kurzen Leine zu halten. Er will um jeden Preis vermeiden, dass die Dinge dieses Jahr wieder aus dem Ruder laufen. Wie sollte er das dann noch seinen Kolleg:innen erklären?

Tom seinerseits hat sich schon Sorgen gemacht, dass es mit seinem neuen Mathelehrer nicht klappen könnte. Und tatsächlich, gleich in den ersten Wochen spricht Erik ihn strenger und kühler an als seine Klassenkamerad:innen. Wie sein Vorgänger scheint Erik darauf bedacht zu sein, ihn vor der Klasse bloßzustellen. Warum haben es nur alle immer auf ihn abgesehen? Er hat doch ohnehin schon Probleme mit Mathe. Er versucht, cool zu bleiben. Die anderen dürfen auf keinen Fall merken, dass er darunter leidet, denn dann fangen die Schikanen wieder von vorne an.

Als Tom eines Tages wieder einmal seine Hausaufgaben nicht gemacht hat, schickt ihn Erik resolut aus dem Klassenzimmer. Er will ein Zeichen setzen. Tom war schon öfter von ihm gewarnt worden, und jetzt muss er einfach mal die Konsequenzen spüren. Doch es entwickelt sich anders, als Erik erwartet hat. Tom weigert sich, das Klassenzimmer zu verlassen, und sagt, dass andere auch nicht rausgeschickt werden, wenn sie ihre Hausaufgaben nicht machen. Er wirft Erik vor, auf ihm herumzuhacken, und macht ihm deutlich, er solle nicht denken, dass er sich wie ein Trottel behandeln lasse. Für Erik ist das der Tropfen, der das Fass zum Überlaufen bringt ... Er schickt Tom nach Hause und sagt, er werde seine Eltern anrufen, um sie über sein Verhalten in der Klasse zu informieren. Tom brauche, was ihn angehe, nicht mehr in seinen Unterricht zurückzukehren, bis er verspreche, das zu tun, was von ihm verlangt wird, und seinem Lehrer gegenüber grundlegenden Respekt aufzubringen. Nach dem Erlassen dieser Sanktion fühlt sich Erik jedoch schlecht. Er fragt sich, ob er nicht zu weit gegangen ist. Er fühlt sich unsicher und bleibt nach dem Unterricht in seiner Klasse, damit er nicht gleich mit seinen Kolleg:innen sprechen muss. Tom ist natürlich stinksauer auf Erik. Aber auch irgendwie auf sich selbst. Warum hat er sich so gehen lassen? Warum konnte sich Erik nicht normal verhalten? Tom hat Angst vor der Reaktion seiner Eltern: Die haben ohnehin schon den Eindruck, dass er nicht sein Bestes gibt.

Erik beobachtet Toms Verhalten, schätzt es ein und reagiert darauf. Was Erik nach außen hin sieht, ist das physische, sichtbare Verhalten von Tom: Er macht Witze im Unterricht, sitzt verkehrt herum auf seinem Stuhl, redet ständig mit seinen Mitschüler:innen und macht die Hausaufgaben nicht oder nur zur Hälfte. Dieses Verhalten wird von Erik interpretiert: Er sieht es als ein Zeichen dafür, dass Tom den Unterricht nicht ernst nimmt, sich nicht für Mathematik interessiert, hauptsächlich damit beschäftigt ist, seine Freunde zu beeindrucken, und ihn – Erik – vielleicht überhaupt nicht ernst nimmt. Diese Interpretation wird möglicherweise ein wenig davon bestimmt, dass er zuvor von einem Kollegen vor Tom gewarnt worden war. Was aber vor allem hineinspielt, ist seine Angst vor einer Wiederholung des Disziplinproblems, mit dem er sich bereits im Jahr zuvor konfrontiert sah, und vor dem Urteil der Kolleg:innen, das er wahrgenommen hat. Er will sich beweisen. Deshalb ist für ihn auch klar, dass Toms Verhalten Einhalt geboten werden muss. Erik tut, was wahrscheinlich viele Lehrer tun würden: Er behält Tom im Auge, spricht ihn auf sein Verhalten an, droht ihm mit Sanktionen und sanktioniert ihn schließlich tatsächlich.

Vielleicht erfolgte die letzte Sanktion, weil Erik inzwischen nicht mehr weiterwusste. Jedenfalls würde Tom ihn nicht noch einmal vor seinen Kollegen blamieren!

2.1 Dem Verhalten einen Sinn geben

Menschen haben eine Innen- und eine Außenseite. Das Äußere können wir direkt wahrnehmen. Das Innere können wir hingegen nicht sehen. Wir müssen es aus dem sichtbaren Teil ableiten. Das ist nicht immer einfach. Schließlich kann ein und dasselbe Verhalten Unterschiedliches ausdrücken. Den Prozess, durch den wir dennoch unserem eigenen Verhalten und dem anderer eine Bedeutung geben, nennen wir *Mentalisieren*. Dies ist ein fortwährender Prozess. Manchmal bewusst und überlegt, meistens aber automatisch und spontan.

Auch Erik verleiht dem Verhalten von Tom einen Sinn. Er tut dies schnell und fast automatisch. Es ist anzunehmen, dass Erik nicht lange über die Bedeutung von Toms Verhalten nachgedacht hat. Umgekehrt scheint auch Tom nicht tiefer über Eriks Verhalten nachzudenken. Betrachtet man die Interpretationen von Erik und Tom genauer, fallen zwei Dinge auf. Erstens der *Inhalt*: Erik und Tom färben ihre Interpretationen auf eine bestimmte, *persönliche* Weise ein. Erik glaubt, dass Tom ihn auf irgendeine Art und Weise treffen, sich über ihn lustig machen will, und Tom denkt, dass Erik auf ihm herumhackt. Zweitens die *Form*: Erik und Tom *wissen* es beide ganz sicher. Sie denken nicht wirklich über andere mögliche Gründe nach, warum der andere sich so verhält. Es »fühlt« sich so an, also »ist« es so.

Die Art und Weise, wie wir unseren eigenen Reaktionen und denen anderer Bedeutung verleihen, bestimmt oft die Richtung des Verhaltens, das wir anschließend an den Tag legen. Das können wir an auch diesem Beispiel sehen. Selbst wer kein:e Lehrer:in ist, kann Eriks Reaktion nachempfinden. Toms aufreizendes Verhalten nötigt fast zu Sanktionen. Verhalten hat manchmal negative Auswirkungen, und als Lehrer:in oder Eltern begrenzen wir es, um diese negativen Auswirkungen einzudämmen. Aber Erik geht noch einen Schritt weiter, und das hat vielleicht damit zu tun, *wie* er dem Verhalten von Tom Bedeutung verleiht. Erik »weiß«, dass Tom seine Autorität infrage stellt, und »deshalb« zieht er die Zügel an. Erik fühlt sich von Tom blamiert und nicht ernst genommen, und er bezeichnet Toms Problem als Verhaltensproblem. Er schiebt das Problem gewissermaßen Tom zu. Diese Reaktion wird vielleicht durch Eriks Angst verstärkt, dass bald die halbe Klasse seine Autorität infrage stellen wird, wenn er Tom keine Grenzen setzt. Und Tom? Nun, wir können uns vorstellen, dass Tom etwas von Eriks Anspannung spürt. Er interpretiert sie als: Erik mag mich nicht. Stärker noch: Er hat es auf mich abgesehen. Und möglicherweise färbt das auch seine Reaktion: Er stellt sich seinerseits stur, will sich nicht einschüchtern lassen. Er schiebt das Problem zur Seite: Zu Erik habe ich einfach keinen Draht. Und so ist zwischen Erik und Tom vielleicht schon eine Zeit lang etwas im Gange, was in der besagten Stunde schließlich außer Kontrolle gerät. Beide schalten in ihrer Reaktion aufeinander auf stur. Der Kontakt verhärtet sich und beide werden halsstarrig. Und vielleicht berühren beide beim anderen einen wunden Punkt. Vielleicht fühlt sich Tom stärker wie ein Problemkind und auf sich selbst bezogen unsicherer. Und umgekehrt wird sich Erik vielleicht auch als Lehrer unsicherer fühlen.

Interpretieren Erik und Tom das Verhalten des jeweils anderen richtig? Vielleicht nicht ganz. Dass Tom desinteressiert ist, nicht sein Bestes geben will und Eriks Autorität infrage stellen will, ist *eine* mögliche Erklärung. Da wir in diesem Beispiel in den Kopf von Tom sehen können, wissen wir jedoch, dass er sich in Mathe unsicher fühlt und im letzten Jahr schikaniert wurde, und dass er nicht noch einmal in diese Lage kommen möchte. Toms Scherze und seine scheinbare Gleichgültigkeit bedeuten weniger, dass er Erik persönlich angreifen will; er will seine Unsicherheit verbergen, um nicht wieder in so eine Scheißposition zu geraten. In ähnlicher Weise ist Eriks Verhalten vielleicht eher durch seine Angst motiviert, die Kontrolle über seine Klasse zu verlieren und sich dadurch vor seinen Kollegen zu blamieren, als durch eine persönliche Abneigung gegen Tom. Wenn wir noch einen Schritt weiter gehen, stellen wir fest, dass beide im Umgang miteinander genau das Verhalten an den Tag legen, das die Annahmen des jeweils anderen bestärkt: Erik wird strenger und kühler, was Tom in seiner Annahme bestätigt, dass Erik ihn nicht mag; und Tom wird unnahbarer, was Eriks

Befürchtung verstärken könnte, dass Tom seine Autorität untergraben will.

Damit ist das Beispiel noch nicht ganz geklärt. Erik und Tom leben schließlich nicht in einer eigenen Welt. Erik ist Teil eines Lehrer:innenteams und Tom Teil einer Klasse. In diesem Beispiel spielt das eine Rolle. Offenbar gab es im Lehrer:innenteam keine wirkliche Diskussion über die disziplinarischen Probleme, mit denen Erik konfrontiert war. Dennoch hat Erik das Gefühl, dass er dafür verantwortlich gemacht wird. Man hat ihn vor Tom gewarnt. Aber hat ihm das in seinem Umgang mit ihm geholfen? Tom fühlt sich in der Gruppe unsicher, und auch das beeinflusst seine Reaktion. Schon mit dem vorherigen Mathelehrer hat es nicht funktioniert, und er hat Geschichten über Erik gehört. In diesem Beispiel werden weder Erik noch Tom von ihrem Umfeld dabei unterstützt, ihre Interaktion reibungsloser zu gestalten. Genauer gesagt, das Umfeld hilft den beiden nicht, ihre eigene Anspannung zu Beginn des Schuljahres zu bewältigen, sich aufeinander gut einzustellen und dem Verhalten des anderen die richtige Bedeutung zuzuweisen.

Dieses Beispiel zeigt, wie schnell eine Interaktion zwischen Menschen misslingen kann. Im Klassenzimmer, zu Hause oder auf der Arbeit. Zwischen Erik und Tom läuft es schief, weil sie ihre eigene Anspannung zu Beginn des neuen Schuljahres vielleicht nicht ausreichend regulieren konnten und sie dadurch – ohne Unterstützung durch ihr Umfeld – alles Mögliche in den anderen hineindeuten. Es geht schief, weil sie sich selbst und andere nicht gut mentalisieren.

2.2 Implizites und explizites Mentalisieren

Den Vorgang, unserem eigenen Verhalten und dem Verhalten anderer Bedeutung zu verleihen, nennen wir *Mentalisieren*. Diese Bedeutungszuschreibung gründet auf unserer Annahme, was sich hinter dem Verhalten verbirgt, dem Grund, warum sich jemand so oder so verhält. Denken Sie an die Absicht, die jemand verfolgt, an die Erwartung der anderen Person, an ein bestimmtes Gefühl, aus dem heraus Sie reagieren. Gefühle, Absichten und Erwartungen sind mentale Zustände, sie spielen sich in unserem Kopf ab.

> **Mentalisieren** = Das eigene Verhalten und das Verhalten anderer auf der Grundlage der zugrunde liegenden Gefühle, Gedanken, Absichten und Wünsche (der mentalen Zustände) verstehen.

Nur Menschen können mentalisieren, Tiere sind dazu nicht in der Lage. Mentalisieren bildet das Fundament sozialer Beziehungen: Ohne diese einzigartige Eigenschaft sind zwischenmenschliche Beziehungen zum Scheitern verurteilt. Es ist durchaus denkbar, dass im Laufe der Evolution jene Menschen, die besser mentalisieren konnten, auch bessere Voraussetzungen zum Überleben hatten. Fehlt einem Menschen diese Eigenschaft, kann er das Verhalten anderer schlichtweg nicht erfassen. Andere werden dann unberechenbar und beängstigend.

Mentalisieren bedeutet zu erkennen, dass das, was wir und andere tun, nicht bedeutungslos ist. Menschliches Verhalten drückt etwas aus, ihm liegt eine Absicht oder eine *Intention* zugrunde. Und Verhalten zeigt *Wirkung*. Es wirkt sich auf uns selbst und auf andere aus. Daraus entstehen Interaktionen. Ich will oder fühle etwas und ich tue etwas; was ich tue, hat eine Wirkung auf die andere Person, die dabei etwas erlebt und fühlt und aus diesem Erleben heraus reagiert; diese Reaktion wiederum wirkt sich auf mich selbst aus, wodurch ich wieder etwas fühle oder erlebe. Je besser wir uns mental entschleunigen und uns mit unseren eigenen Bedürfnissen, Gefühlen und Wünschen beschäftigen, desto besser denken wir über die Auswirkungen unseres Handelns auf andere nach (auf ihre Gefühle, Erwartungen, Bedürfnisse, ...), und desto vorhersehbarer und verständlicher kann die Reaktion der anderen Person sein. In einer Interaktion, in der beide Parteien gut mentalisieren, kommt es zu einem Abstimmen und einem gegenseitigen Verständnis, sodass der Kontakt reibungsloser verläuft. Umgekehrt werden Interaktionen, bei denen eine oder beide Parteien schlecht mentalisieren, weniger reibungslos und konstruktiv verlaufen.

Mentalisieren geschieht in der Regel automatisch, implizit. Wir verbringen ja nicht den ganzen Tag damit, bewusst darüber nachzudenken, was wir fühlen und denken, warum wir tun, was wir tun, oder was andere im Sinn haben könnten, wenn sie etwas tun. Die meisten zwischenmenschlichen Interaktionen folgen bestimmten festen Mustern, die nicht per se ein explizites Nachdenken über die Gefühle und Absichten erfordern, die bei diesen Interaktionen mitspielen. Wenn Sie nach einem Arbeitstag nach Hause kommen, haben Sie gemeinsam mit Ihrem Partner, Ihrer Partnerin vielleicht einige festgelegte Interaktionen. Sie umarmen ihn oder sie, fragen, wie der Tag war, und besprechen, wer kocht und wer den Kindern bei den Hausaufgaben hilft. Sie hören sich die Erlebnisse Ihres Partners, Ihrer Partnerin an, erzählen etwas über sich selbst, fragen die Kinder, wie ihr Schultag war. Dabei stellen Sie sich auf Ihren Partner/Ihre Partnerin und Ihre Kinder ein, aber dies geschieht vielleicht größtenteils implizit oder automatisch. Und solange die tatsächliche Interaktion in etwa dem festgelegten Muster folgt, gibt es keinen Grund, diesen automatischen, impliziten Prozess zu ändern.

Aber nehmen wir einmal an, dass Ihr Partner oder Ihre Partnerin eines Tages weinend auf der Couch sitzt, wenn Sie nach Hause kommen. Dann richten Sie Ihre Aufmerksamkeit vielleicht intensiver auf seinen oder ihren mentalen Zustand: Was ist los? Warum weinst du? Sie gehen bewusst sachter vor und denken darüber nach, was vor sich geht, wie sich der/die andere fühlt und was ihn oder sie so sehr belastet. Wenn Ihnen das gelingt, verbessert sich in der Regel der Kontakt: der/die andere fühlt sich verstanden und die Interaktion vertieft sich. Stellen wir uns eine andere Situation vor: Sie kommen nach Hause, und Ihr Partner, Ihre Partnerin reagiert gereizt, zum Beispiel mit einer kritischen Bemerkung. Dann bedarf es oft einer sehr bewussten Anstrengung, um sich auf die Gründe hinter der gereizten Bemerkung einzustellen. Vielleicht ist es einfacher, Ihrerseits gereizt zu reagieren. Das kann zu wachsender Spannung und einer unschönen Interaktion führen. In einer solchen Interaktion ist die Gefahr groß, dass beide Partner einander nicht mehr gut mentalisieren. Zum Beispiel, dass sie sich gegenseitig Vorwürfe machen: »Du musst auch immer alles kommentieren!« »Du tust auch nicht ein einziges Mal, worum ich dich bitte!«

2.3 Eine verletzliche Fähigkeit

Mentalisieren gehört zu den einzigartigsten menschlichen Eigenschaften. Gleichzeitig gibt es beim Mentalisieren große Qualitäts- und Effektivitätsunterschiede, sowohl zwischen Personen als auch innerhalb unserer selbst. Wir alle kennen Momente im Laufe des Tages, in denen wir gut (effektiv) mentalisieren, aber auch Momente, in denen wir weniger gut (ineffektiv) mentalisieren. Wir beschäftigen uns dann beispielsweise nicht mehr damit, was hier und jetzt mit uns und der anderen Person geschieht, sondern fallen auf *automatische Annahmen* zurück. Oft geht es dabei um Dinge, die wir typisch für die andere Person finden, um Muster, die wir bei ihr zu erkennen glauben. Mit anderen Worten, wir verfallen in *stereotypes* Denken. Auch Erik und Tom scheinen einen Punkt erreicht zu haben, an dem sie sich in allgemeinen »Wahrheiten« über den anderen verlieren: Erik findet, dass Tom ein Problem mit Autorität hat und ihn *immer* bewusst lächerlich macht; Tom denkt, dass Erik es auf ihn abgesehen hat und ihn bloßstellen will. Wenn wir – vielleicht weil wir unter Anspannung stehen – in eine ineffektive Denkweise verfallen und deshalb nicht mehr die *eigentlichen* Absichten der anderen Person wahrnehmen, sondern auf schnelle und automatische Annahmen zurückgreifen, neigen wir oft dazu, die Dinge auf eine Weise zu deuten, die von unseren eigenen Verletzungen gefärbt ist. Mit anderen Worten: Unsere Überzeugungen in einem solchen Moment sagen oft etwas über uns selbst aus.

> Denken Sie an eine unangenehme Erfahrung, die Sie vor Kurzem im Kontakt mit einer für Sie wichtigen Person gemacht haben. Denken Sie z. B. an einen Streit oder einen unbehaglichen Moment. Erinnern sie sich noch daran, welche Überzeugungen damals über Sie selbst und die andere Person in Ihnen aufkamen? Was fällt Ihnen als Erstes ein, wenn Sie jemandem die Schuld für etwas geben? Wenn Sie jemand empfindlich trifft oder verunsichert, wovon fühlen Sie sich dann getroffen?

Wir alle verfallen gelegentlich in ineffektives Mentalisieren. In solchen Momenten können wir ein Verhalten zu schnell interpretieren, ohne uns dessen bewusst zu sein, dass es sich »nur« um eine Interpretation handelt. Wir nehmen dann an, dass das, was wir sehen und denken, »wahr« ist. Was wir über uns selbst und andere denken und fühlen, ist die einzig richtige Erklärung. Erik »weiß« einfach, dass ihn Tom provoziert. Er denkt nicht mehr darüber nach, dass dies seine Interpretation von Toms Intention ist. Ich denke das so, also ist es so. Ich bin verärgert, also ärgert er mich. Wenn Erik außerdem »weiß«, dass sich Tom über ihn lustig macht, dann ist es nicht mehr als logisch, dass dies Spannung oder Verärgerung erzeugt. Erik erlebt Tom in diesem Moment als einen Schüler, der ihn *bewusst* lächerlich macht. Das lässt er nicht mit sich machen! Es überrascht nicht, dass dies oft zu einer Eskalation und gegenseitigem Unverständnis führt. Überdies wirkt eine schlechte Mentalisierung oft ansteckend: Wenn Erik nicht mehr über Tom nachdenkt und aus Verärgerung reagiert, dann ist die Gefahr groß, dass auch Tom nicht mehr über Eriks Reaktion nachdenken kann und sich auf das Spiel des gegenseitigen Überbietens einlässt. »Hör nur, wie er sich wieder aufbläst« wird ein anderes Kommunikationsmuster auslösen als »Er spielt sich auf, wenn er sich sehr unsicher fühlt«. Dass beide irgendwann aufgehört haben, gut zu mentalisieren, bedeutet nicht, dass Erik ein schlechter Lehrer oder Tom ein nerviger Jugendlicher ist. Es zeigt vielmehr, dass die Fähigkeit, effektiv zu mentalisieren, fragil ist und uns schnell abhandenkommen kann.

2.4 Dimensionen des Mentalisierens

Mentalisieren ist ein Prozess, der sich ständig in unserem Kopf abspielt. Normalerweise findet er *implizit* statt, und wir sind uns seiner nicht so bewusst. Manchmal schalten wir auf *explizites* Mentalisieren um. Nehmen wir das Beispiel des Partners, der anders reagiert, als wir es erwarten. Wir denken dann viel bewusster über das Verhalten nach und geben ihm einen Sinn. Explizites Mentalisieren bedeutet »verlangsamen«: Sie verlangsamen Ihren Denkprozess, um sich ernsthaft damit zu befassen, was Sie fühlen und denken oder was die andere Person fühlen und denken könnte. Das Ausmaß, in dem wir implizit oder explizit mentalisieren, bildet eine der Dimensionen des Mentalisierungsprozesses.

Eine andere Dimension des Mentalisierens betrifft die Unterscheidung zwischen dem auf sich selbst bezogenen und dem auf andere bezogenen Mentalisieren. Man kann sich mit den eigenen Gefühlen, Gedanken, Bedürfnissen, Erwartungen und Enttäuschungen befassen, um das eigene Verhalten oder die Neigung, etwas zu tun, besser zu verstehen; oder man kann sich damit befassen, was die andere Person denken, fühlen, wollen und erwarten könnte, um zu verstehen, warum sie so reagiert. Und wir können noch weitergehen und dann auch aus uns selbst und aus anderen mentalisieren. Dabei geht es mehr um die Form, *wie* wir mentalisieren, als um den Inhalt oder das Objekt des Mentalisierens. Die Art und Weise, wie ich mich selbst, aber auch andere betrachte, wird beispielsweise ausschließlich durch meine *eigene* Perspektive (das Selbst) bestimmt, ohne dass ich mich durch Hinweise von anderen »informieren« lasse. Ich kann zum Beispiel die Vorstellung haben, zu wissen, was die andere Person denkt oder fühlt, ohne mich wirklich in die Perspektive dieser Person eingefühlt zu haben. Oder das Bild, das ich von mir selbst habe, kann nur auf meine eigenen Gefühle und Gedanken gegründet sein, wobei ich außer Acht lasse, wie andere mich wahrnehmen. Umgekehrt kann es sein, dass ich zu wenig individuell bin oder dazu neige, mit anderen zu verschmelzen. Die Art und Weise, wie ich mich selbst und andere wahrnehme, wird dann durch die Orientierung an den anderen bestimmt. Tue ich zum Beispiel alles, um anderen zu gefallen, und reagiere überempfindlich auf Signale von Ablehnung, bestimmt dies, wie ich mich selbst sehe, nämlich als wertlose Person. Solche Polarisierungen auf der Selbst-Andere-Dimension sind Ausdrucksformen ineffektiven Mentalisierens. Beim effektiven Mentalisieren berücksichtigt man sowohl eigene Informationen als auch Informationen von anderen, um sich ein Bild von sich selbst und anderen zu machen.

Mentalisieren kann außerdem *intern* oder *extern* orientiert sein, wodurch noch eine weitere Dimension hinzukommt. Wenn Mentalisieren außengerichtet ist, achtet man besonders auf äußere Signale (bei sich selbst oder anderen). Sie hören, dass die andere Person eine bestimmte

Intonation hat, oder Sie sehen ein Stirnrunzeln und denken deshalb, dass sie wütend oder verärgert ist. Das äußere Signal »Intonation« oder »Stirnrunzeln« führt zu einer bestimmten Bedeutung. Auch in Bezug auf einen selbst kann der Fokus auf äußeren Signalen liegen (z. B. Tränensäcke unter den Augen, Bauchschmerzen und Kleidung): »Meine Schultern sind vor lauter Anspannung ganz verkrampft.« Wenn das Mentalisieren intern orientiert ist, richtet man sich mehr auf das, was in der eigenen inneren Welt oder in der Innerwelt der anderen vor sich geht. Wenn Ihre Freundin einen Job nicht bekommen hat, können Sie nachempfinden, dass das für sie sehr schmerzhaft sein muss, weil sie ohnehin schon so unsicher in Bezug auf sich selbst ist.

Eine letzte Dimension betrifft die Frage, ob sich das Mentalisieren eher auf *Gefühle* (Affekte) oder auf *Gedanken* (Kognitionen) bezieht. Der Form nach kann Mentalisieren aus »Mitfühlen« (wie bei Empathie) oder »Einfühlen« (affektiv) resultieren. Rationalisieren, nach Erklärungen suchen oder Begründen sind Beispiele für den kognitiven Pol. Ich kann mich zum Beispiel fragen, was eine andere Person denkt oder meint (kognitiv/anderer), was der Grund dafür ist, dass ich einer Situation entfliehen möchte (kognitiv/selbst), ich kann mich von etwas berührt fühlen (affektiv/selbst), ich kann mich selbst fragen, warum mich etwas so sehr berührt (kognitiv/selbst), oder ich kann mit meinem Kind mitfühlen (affektiv/anderer).

Dimensionen des Mentalisierens

automatisch/implizit – kontrolliert/explizit
selbst – anderer
intern – extern
kognitiv – affektiv

Überlegen Sie einmal, wie Mentalisieren bei Ihnen abläuft. Beschäftigen Sie sich oft explizit damit, wie Sie sich fühlen oder wie andere sich fühlen, oder geschieht dies eher automatisch und implizit? Verfallen Sie im ersten Fall manchmal ins Grübeln oder im zweiten Fall zu schnell in Annahmen? Beschäftigen Sie sich eher mit sich selbst oder konzentrieren Sie sich sehr darauf, was andere denken und fühlen könnten? Sind Sie sensibel gegenüber äußeren Signalen, z.B. der Körperhaltung, dem Blick, dem Tonfall, dem Gesichtsausdruck ... von jemandem? Reagieren Sie manchmal zu sensibel darauf? Achten Sie auf Ihre eigene innere Welt (was Sie selbst erleben, denken oder fühlen) oder ignorieren Sie diese manchmal? Sind Sie eher analytisch und rational (Gedanken) oder eher affektiv und intuitiv (Gefühle)?

2.5 Eine mentalisierende Grundhaltung

In diesem Abschnitt gehen wir auf eines der wichtigsten Merkmale des effektiven Mentalisierens ein: eine *mentalisierende Grundhaltung*. Das bedeutet, dass Sie sich nicht darauf beschränken, was jemand tut, sondern zu verstehen versuchen, aus welchen Gefühlen, Gedanken, Bedürfnissen oder Erwartungen heraus jemand handelt. Sie sind neugierig darauf, auch wenn sie wissen, dass Sie nie sicher sein können, was in der anderen Person vorgeht – und sie sind offen dafür.

Eine mentalisierende Grundhaltung bedeutet, *bescheiden* zu sein und anzuerkennen, dass wir nie sicher sein können, warum jemand etwas tut, selbst wenn wir selbst dieser »Jemand« sind. Wir sprechen hier nicht über verdrängte unbewusste Prozesse. Was wir meinen, ist, dass mentale Prozesse »vielschichtig« sind: Sie reagieren verärgert, aber wenn Sie etwas länger darüber nachdenken, fühlen Sie sich vielleicht eher traurig. Selbst das »Wissen« über Sie selbst, dass Sie gereizt sind, muss also nicht so selbstverständlich oder »sicher« sein, wie es auf den ersten Blick scheinen mag. Schauen Sie sich Erik an: Vielleicht steckt hinter seiner unverhohlenen Verärgerung auch etwas von Ohnmacht, vielleicht sogar etwas von Scham oder Angst. Und vielleicht muss er auch in sich selbst verlangsamen, um mit dieser Scham oder Angst in Kontakt zu kommen: »In der Hitze des Gefechts« fühlt er sich vielleicht nur verärgert.

Wer gut mentalisiert, nimmt eine *neugierige* Haltung ein: *Ich bin mir nicht sicher, was mit dieser anderen Person (oder mir selbst) los ist, aber ich will es doch wissen.* Sie bemerken, dass Ihr Kollege anders reagiert als sonst, und Sie sind neugierig, was da los sein könnte. Denken Sie einen Moment an das Beispiel von Erik und Tom zurück: Beide meinten, sicher zu wissen, warum der andere tut, was er tut. Beiden fehlte es an Neugier und Offenheit, die notwendig gewesen wären, um den jeweils anderen wirklich zu verstehen. Gut zu mentalisieren bedeutet, zu wissen, dass man nicht mit Sicherheit wissen kann, was der andere denkt, fühlt oder meint. Mentalisieren bedeutet, Unsicherheit auszuhalten. Zu erkennen, dass die eigene Interpretation eine von vielen ist.

Nichts ist ärgerlicher als eine Person, die »weiß«, was Sie selbst denken und fühlen. Machen Sie die Probe aufs Exempel in einem Rollenspiel mit Ihrem Partner/Ihrer Partnerin oder einem Kollegen/einer Kollegin: Er oder sie erzählt Ihnen etwas, das an diesem Tag passiert ist. Denken Sie, dass Sie verstehen, was passiert ist und wie es für die andere Person war, dann bleiben Sie hartnäckig: Sie wissen, was jede:r gemeint und gefühlt hat. Welche Auswirkungen hat das auf Ihre:n Gesprächspartner:in?

Gerade die mit dem effektiven Mentalisieren verbundene Einsicht, dass man sich seiner Annahmen über mentale Zustände (Gefühle, Gedanken, ...) nie sicher sein kann, führt zu der Erkenntnis, dass man sich manchmal korrigieren muss: »Ich dachte, du wärst wütend auf mich, aber jetzt verstehe ich besser, dass du dir vor allem Sorgen um mich gemacht hast.« Wir müssen offen sein für das, was in der anderen Person vorgeht, und flexibel genug, um unsere Hypothesen zu korrigieren.

Eine mentalisierende Grundhaltung ist gekennzeichnet durch:

Bescheidenheit: Ich weiß es nie sicher;
Neugier: Ich bin mir nicht sicher, was in der anderen Person (oder in mir selbst) vor sich geht, aber ich möchte es gern wissen;
Offenheit und Flexibilität: Ich könnte mich irren und muss meine Hypothese vielleicht korrigieren.

Gutes Mentalisieren bedeutet also, allen Aspekten der eigenen mentalen Welt und der mentalen Welt anderer Menschen Aufmerksamkeit zu schenken, und zwar sowohl den Kognitionen als auch den Affekten. Und es bedeutet, dass man dabei sowohl auf externe als auch auf interne Signale achtet. Es bedeutet jedoch nicht, dass Sie *konstant* bewusst über die Gründe nachdenken, die sich hinter ihrem eigenen Verhalten und dem anderer verbergen, sondern, wenn möglich, implizit mentalisieren und flexibel umschalten können, wenn explizites Mentalisieren erforderlich ist. Implizites Mentalisieren ist zeit- und energiesparend, aber manchmal muss man bewusst verlangsamen und einen Moment innehalten, um etwas gut zu verstehen.

Mit einer mentalisierenden Haltung ist es also nicht zu vereinbaren, zu schnell Schlussfolgerungen über jemanden zu ziehen. Manchmal neigen wir dazu, Verhalten aus Etikettenzuschreibungen zu erklären. Wir könnten dann etwa sagen, dass Tom sich nervig verhält, *weil* er ADHS hat oder *weil* er hochbegabt ist. Eine Variante davon wäre, dass sich Tom nervig verhält, *weil* er es zu Hause schwer hat oder *weil* er ein Autoritätsproblem hat. Dies sind typische Beispiele für eine wenig mentalisierende Grundhaltung. Denn es ist schließlich fraglich, ob solche Etiketten eine ausreichende Erklärung bieten. ADHS, Hochbegabung, ein schwieriges Elternhaus und Autoritätsprobleme tauchen nicht bei dieser einen Lehrkraft oder in dieser einen Stunde auf, um dann in der nächsten Stunde wieder zu verschwinden. Und doch stellt man oft fest, dass ein:e Schüler:in, der/die bei einer Lehrkraft »Autoritätsprobleme« erkennen lässt, diese nicht unbedingt auch bei einer anderen Lehrkraft zeigt. Der Wert solcher Aussagen ist daher oft ziemlich begrenzt. Außerdem hindern sie uns daran, weiterzudenken. Für Erik mag es beruhigend sein, zu denken, dass Tom Autoritätsprobleme hat. Damit wird das Verhalten von Tom aus etwas erklärt, das im anderen liegt. Erik braucht sich nicht mehr zu fragen, was aktuell in seinem Unterricht oder zwischen ihnen genau vorgeht. Aus einer mentalisierenden Grundhaltung heraus will man verstehen, warum dieses Kind (mit ADHS, Hochbegabung, einer problematischen häuslichen Situation) gerade jetzt (in dieser Stunde, in diesem Kontakt) dieses Verhalten zeigt: Was spielt sich in diesem Moment im Kopf dieses Kindes ab, das dieses Verhalten erklärt?

Zu anderen Zeitpunkten ist es gerade nicht so angebracht, explizit zu mentalisieren. Wenn man eine neue zarte Liebe zu gut liest und versteht, kommt die Verliebtheit vielleicht gar nicht erst in Gang. Angenehmer ist es, die Illusion aufrechtzuerhalten, dass man sich in einer gemeinsamen Blase befindet, in der man sich in den anderen perfekt einfühlt und völlig auf einer Wellenlänge ist. Liebe macht tatsächlich blind. Auch in gefährlichen Situationen sollte man nicht zu viel nachdenken, sondern handeln. Wenn man mit einem Messer bedroht wird, kommt einem nicht zuerst in den Sinn, die Beweggründe des Angreifers verstehen zu wollen. Ist die Gefahr aber einmal vorbei, ist es wichtig, dem, was einem widerfahren ist, eine explizite Bedeutung zu geben.

Gutes Mentalisieren ist übrigens nicht immer leicht zu erkennen. Manchmal *scheinen* Menschen gut zu mentalisieren, beispielsweise weil sie sich sehr auf die Absichten oder Gefühle der anderen Person konzentrieren, aber es fehlt ihnen die Unsicherheit, die gutes Mentalisieren auszeichnet. Sie gehen dann zum Beispiel bei der Interpretation möglicher Intentionen viel zu weit, weit über das hinaus, was man eigentlich vernünftigerweise annehmen kann. Manchmal machen sich Menschen auch übertrieben viele Gedanken über sich selbst und andere. Sie verlieren sich dann in endlosen Grübeleien darüber, warum andere etwas getan oder gesagt haben. Das Mentalisieren verfehlt dann sein Ziel und kann eher zu einem Mittel werden, Kontrolle zu erlangen. Eine andere Variante besteht darin, dass Menschen ihre Fähigkeit zum Mentalisieren missbrauchen. Dann nehmen sie die Verletzlichkeit der anderen Person wahr, was durchaus ein Anfang für gutes Mentalisieren sein könnte, missbrauchen dieses Wissen aber, um Kontrolle über sie zu erlangen.

2.6 Das Wiederherstellen eines effektiven Mentalisierens

Effektives Mentalisieren geht regelmäßig verloren, aber glücklicherweise können wir es auch wiedererlangen. Lesen Sie einfach, wie es mit Erik und Tom weitergeht:

Erik ist es unangenehm, dass die Dinge mit Tom an diesem Tag so aus dem Ruder gelaufen sind. Am Ende des Tages sieht er Rieke, eine Kollegin. Sie hat ihn letztes Jahr sehr unterstützt, als es ihm so schlecht ging. Rieke fragt ihn, warum er an diesem Nachmittag nicht im Lehrerzimmer aufgetaucht ist. Erik ist froh, dass er mit jemandem reden kann. Bei Rieke hat er das Gefühl, offen sein zu können. Er erzählt ihr, wie sehr ihn der Vorfall mit Tom mitnimmt. Er fragt sich laut, ob er aus Angst, dass die Situation im Klassenzimmer außer Kontrolle geraten könnte, nicht zu heftig reagiert hat. Was hat Tom denn heute getan, dass du so gereizt reagiert hast?«, fragt ihn Rieke. Erik überlegt: »Es fällt mir so schwer, ihn zu erreichen. Er reagiert nicht auf die Grenzen, die ich ihm setze, und dadurch fühle ich mich so machtlos.« Er erzählt Rieke, dass er vor Tom gewarnt worden ist und dies schon beim ersten Kontakt mit ihm zu Spannungen geführt hat. Erik erkennt daraufhin, dass er Tom schon von Anfang an Grenzen gesetzt hat. Ihm wird bewusst, dass er eigentlich gar nicht richtig weiß, warum Tom sich in der Klasse so verhält.

Nach dem Gespräch mit Rieke beschließt Erik, Tom anzurufen. Er erwähnt am Telefon, dass es ihm leidtut, dass die Dinge so aus dem Ruder gelaufen sind, und dass er zuerst mit Tom darüber sprechen möchte, bevor er seine Eltern oder die Schulleitung hinzuzieht. Er schlägt Tom vor, am nächsten Tag etwas früher zu kommen. Tom ist von Eriks Anruf überrascht. Er freut sich sehr darüber, dass Erik sofort sagt, er selbst sei auch nicht glücklich damit, wie die Dinge gelaufen sind. Tom hatte Angst, dass man ihm die Schuld in die Schuhe schieben würde, und er merkt, dass Eriks Anruf die Spannung etwas abbaut. Er ist sich auch im Klaren darüber, dass er nicht immer der einfachste Mensch ist.

Erik hat Rieke getroffen, der er vertraut und bei der er sich sicher fühlt. Riekes Zuhören und die Fragen, die sie stellte, halfen Erik, sein Mentalisieren wiederzuerlangen. Tatsächlich war diese Wiedererlangung da schon im Gange: Erik war sich bereits unmittelbar nach der Stunde seiner Sache nicht mehr so sicher und haderte mit seiner Reaktion. Er versuchte, seine eigene heftige Reaktion besser zu verstehen. Riekes mentalisierende Grundhaltung half ihm dabei. Sie stellte ihm zunächst Fragen, die es ihm ermöglichten, seine eigene emotionale Reaktion besser einzuordnen. Dadurch begann er, wieder explizit über sich selbst zu mentalisieren, indem er sein Denken verlangsamte und sich damit beschäftigte, was ihn genau getroffen hatte. In der Folge mentalisierte er wieder mehr über Tom. Ihm wurde klar, dass er eigentlich überhaupt nicht richtig wusste, warum sich Tom in seinen Unterrichtsstunden so verhält. Erik konzentrierte sich wieder auf Toms mentalen Zustand, *jenseits* von dessen Verhalten. Er wechselte vom impliziten zum expliziten Mentalisieren und wurde neugierig auf Toms Innenwelt. Dadurch wurde er offener für Interpretationen, die von seiner ursprünglichen Hypothese abwichen.

Eriks Wiedererlangung des Mentalisierens hatte unmittelbaren Einfluss auf seinen Kontakt mit Tom. Anstatt das Problem Tom zuzuschieben, machte es Erik es zu einem gemeinsamen Problem. Er sprach offen über sein eigenes Erleben (»Es tut mir leid …«). Eriks wiedererlangtes Mentalisieren wirkte »ansteckend«: Auch bei Tom stellte sich das Mentalisieren wieder ein. Dadurch wird er seinerseits in einem Gespräch mit Erik wieder offener sein.

> Schauen Sie sich die folgenden beiden Szenarien an: Wie wäre das Gespräch mit Tom und seinen Eltern verlaufen, wenn Erik und Tom ihr Mentalisieren nicht wiedererlangt hätten? Und wie könnte das Gespräch verlaufen, nachdem sie ihr Mentalisieren wiedererlangt haben?

Mentalisieren schafft Raum. Erik muss jetzt nicht mehr alles daran setzen, seine Autorität zu wahren, weil er »weiß«, dass Tom darauf aus ist, sie zu untergraben. Tom muss nicht mehr alles daran setzen, sich als unangreifbar darzustellen, weil er »weiß«, dass Erik darauf aus ist, ihn bloßzustellen. Wenn beide ihr Mentalisieren nicht wiedererlangen, ist es nicht nur wahrscheinlich, dass beider Verteidigungsversuche auf taube Ohren stoßen, sondern auch, dass sich diese Interaktion eher früher als später wiederholt. Hinzu kommt, dass die Verhaltensweisen, die aus einem ineffektiven Mentalisieren folgen (bei Erik: strenger und strafender zu sein; bei Tom: gleichgültiger und unerreichbarer zu sein), durchaus zu einer weiteren Verstärkung dieses Musters führen können. Es ist ja gerade Eriks Strenge, die Tom dazu veranlasst, sich gleichgültig zu geben, und es ist gerade Toms Gleichgültigkeit, die Erik dazu veranlasst, noch strenger zu werden. Am wichtigsten ist aber vielleicht, dass derartige Interaktionen die Schwachstellen im Bild, das Erik und Tom von sich selbst und von anderen haben, noch weiter verstärken. Erik wird sich zum Beispiel als Lehrer unsicherer fühlen und seine Schüler:innen und Kolleg:innen als Folge davon als bedrohlicher wahrnehmen.

2.7 Zusammenfassung

Mentalisieren ist der Prozess, durch den wir unserem eigenen Verhalten und dem Verhalten anderer eine Bedeutung geben, die sich aus den dahinter liegenden mentalen Zuständen wie Gefühlen, Bedürfnissen und Erwartungen ergibt. Es ermöglicht uns, das zu tun, was wir physisch nicht tun können: in unseren eigenen Kopf und in den Kopf von anderen zu schauen. Dadurch können wir uns selbst und andere besser verstehen; Verhalten wird dadurch auch vorhersehbarer. Ohne die Fähigkeit zum Mentalisieren würden zwischenmenschliche Beziehungen furchtbar schieflaufen.

In diesem Kapitel haben wir die verschiedenen Merkmale dieses Mentalisierungsprozesses erörtert. Das wohl wichtigste Merkmal einer mentalisierenden Grundhaltung ist die Neugier, das Verhalten des anderen verstehen zu wollen, gepaart mit der Unsicherheit und Bescheidenheit, dies nie mit absoluter Sicherheit tun zu können. Wir haben beschrieben, wie fragil der Prozess des Mentalisierens bei jedem von uns ist und wie schnell wir zwischen effektivem und ineffektivem Mentalisieren hin und her wechseln können. Im nächsten Kapitel gehen wir auf Letzteres noch etwas näher ein. Wir erörtern die wichtigsten Erscheinungsformen des ineffektiven Mentalisierens und seine Auswirkungen auf zwischenmenschliche Beziehungen.

KAPITEL 3

Die Verletztlichkeit des Mentalisierens

Im vorangegangenen Kapitel haben wir das Mentalisieren als einen Prozess beschrieben, der fortwährend, implizit oder explizit, in unserem Kopf abläuft. Das Mentalisieren ist jedoch nicht immer effektiv. Jeder Mensch verliert regelmäßig seine Fähigkeit, gut zu mentalisieren. Dies kann dazu führen, dass wir in prämentalisierende Modi oder Zustände zurückfallen. Diese prämentalisierenden Zustände bilden meistens die Basis für Probleme in Beziehungen. Sie können auch zu ernsten Symptomen oder zu Psychopathologie führen. Ineffizientes oder schlechtes Mentalisieren kann drei typische Formen annehmen. Bei der ersten Form sind wir zu sicher, dass das, was wir denken und fühlen, wahr ist. Das bezeichnen wir als *psychischen Äquivalenzmodus*. Bei der zweiten Form werden Erfahrungen oder Absichten aus greifbaren Beweisen oder Handlungen abgeleitet. Das nennen wir den *teleologischen Modus*. Die dritte Form ist durch eine Abkopplung der Innenwelt von der Außenwelt gekennzeichnet. Diese Form, bei der zu wenig Kontakt zu Gefühlen und Bedürfnissen hergestellt wird, bezeichnen wir als *Als-ob-Modus*. In diesem Kapitel gehen wir auf diese drei typischen prämentalisierenden Modi ein. Wir zeigen auch, wie man sie erkennen kann, unter anderem an den Auswirkungen dieser Modi auf einen selbst und auf den Kontakt mit anderen.

Prämentalisierende Modi:

Psychischer Äquivalenzmodus: Was ich fühle oder denke, ist die Wahrheit.
Teleologischer Modus: Ich verlasse mich nur auf physische Handlungen und konkrete Beweise.
Als ob-Modus: Ich bin nicht in Kontakt mit meiner Gefühlswelt.

3.1 Psychische Äquivalenz: Was ich fühle oder denke, ist wahr

In Kapitel 2 haben wir besprochen, dass effektives Mentalisieren durch Unsicherheit gekennzeichnet ist. Das scheint widersprüchlich zu sein: Gutes Mentalisieren ermöglicht es uns, die andere Person zu »lesen«, sodass Beziehungen vorhersehbar werden, und gleichzeitig besteht gutes Mentalisieren darin, dass wir die andere Person nie mit Sicherheit kennen können. Diese Unsicherheit hat mit etwas sehr Grundlegendem zu tun, das wir als Kinder lernen müssen, nämlich, dass wir alle einen eigenen *mind*, ein eigenes seelisches Erleben, haben. Ich habe Gedanken, Gefühle und Bedürfnisse, und diese müssen nicht mit den Gedanken, Gefühlen und Bedürfnissen, die andere haben, übereinstimmen. *Ich bin eine Person, die anders ist als die andere Person.* Das bedeutet, dass Sie unseren Kontakt vielleicht anders erleben als ich. Vielleicht dachte ich, Sie hätten etwas angenehm gefunden, während Sie es eigentlich als schmerzhaft empfunden haben. Zu erkennen, dass andere einen anderen *mind* haben, ist daher überaus spannend. Ich bin mir nicht mehr sicher, ob das, was ich über Sie denke, zutrifft. Und es gilt auch das Umgekehrte: Es bedeutet, dass Sie nicht sicher wissen, welche Bedürfnisse ich habe. Anzuerkennen, dass andere einen anderen *mind* haben, bringt einiges an Unsicherheit und manchmal an Frustration mit sich. Das ist eine Fähigkeit, die wir entwickeln müssen. Diese Fähigkeit geht Hand in Hand mit der Entwicklung der Individualität: Ich bin jemand, ein »Ich«, das anders ist als dein »Ich«.

Im psychischen Äquivalenzmodus geht diese »Unsicherheit« verloren. Wir werden auf primitivere und reflexartige Teile unseres Gehirns zurückgeworfen und treffen fast automatisch Annahmen über uns selbst und andere. Wir verfallen zum Beispiel in Werturteile oder Vor-Urteile oder schreiben uns oder anderen negative Absichten zu. Wir deuten dann sofort die Absichten der anderen Person, anstatt sie in Ruhe zu reflektieren. Wir erkennen nicht mehr die Grenze zwischen dem eigenen Bewusstsein und dem Bewusstsein des anderen: *Ich weiß, was du denkst und fühlst*. So ist es auch bei Marlies und Vera.

Marlies und Vera

Marlies steht in einer Beziehung mit Vera. Im Großen und Ganzen sind sie sehr glücklich miteinander, aber manchmal kann es zwischen den beiden auch gewaltig krachen. Marlies ist eine Pedantin und Vera ist eine Chaotin. Für Marlies ist es wichtig, dass alles seinen festen Platz hat, und sie erwartet auch von Vera, dass sie darauf Rücksicht nimmt: Es ist ein kleiner Aufwand, etwas nach Gebrauch wieder an denselben Platz zurückzulegen. Für Vera ist das weniger wichtig, und sie will sich an diese Regel manchmal einfach nicht halten.

Gestern Abend hat Vera das Auto von Marlies ausgeliehen, aber sie hat vergessen, den Schlüssel wieder in das Schlüsselkästchen zu hängen. Als Marlies am nächsten Morgen zur Arbeit fahren muss, kann sie ihn daher auch nicht finden. Sie befürchtet, zu spät zu kommen, und ist wütend, weil sich Vera schon wieder nicht an die Vereinbarung gehalten hat. Vera schläft noch ahnungslos, als Marlies hineinstürmt und sie mit einer wüsten Schimpftirade aus dem Schlaf reißt: »Jetzt hast du schon zum x-ten Mal meine Sachen verlegt. Das machst du immer, obwohl du doch genau weißt, wie sehr ich das hasse! Du hast nicht den geringsten Respekt vor mir. Du nimmst auch nie Rücksicht darauf, worum ich dich bitte! Du denkst nur an dich selbst. Du bist schuld, wenn ich zu spät zur Arbeit komme!« Vera, die sich den Morgen anders vorgestellt hatte, schnauzt sie an: »Die sind doch in meiner Handtasche, du Nervensäge«, und dreht sich um. Marlies rennt wütend die Treppe hinunter, schüttelt Veras Tasche mitten auf dem Flur aus, greift sich den Schlüssel vom Boden und schlägt die Tür hinter sich zu.

Kommt Ihnen das bekannt vor? Marlies ist in Eile und droht zu spät zu kommen. Sie gerät in einen Zustand, in dem sie undifferenziert wird. Sie *weiß*, dass Vera ihre Schlüssel verlegt hat. Es ist immer das gleiche Lied. Sie kann sich einfach nie auf sie verlassen. Zum Glück war Vera sachlich (oder schläfrig) genug, um auf diese Vorwürfe nicht zu reagieren. Man spürt, dass es nicht viel braucht, damit eine solche Interaktion aus dem Ruder läuft. Denken Sie kurz an Erik und Tom aus dem vorigen Kapitel zurück. In beiden Beispielen ist ineffektives Mentalisieren durch feste, aber falsche Annahmen gekennzeichnet – sie »wissen«, was in der anderen Person vorgeht. Marlies, Erik und Tom befinden sich in einem Modus oder Zustand, den wir »psychische Äquivalenz« nennen. Das bedeutet: Was in meiner Psyche ist (was ich denke und fühle), ist mit dem, was in der Realität geschieht, identisch.

Wir alle fallen regelmäßig in einen solchen Zustand der psychischen Äquivalenz zurück, manche leichter als andere. So können manche Menschen die Welt schnell als beängstigend empfinden, etwa weil sie in ihren Beziehungen viel Unsicherheit erfahren haben. Wir kommen in Kapitel 5 darauf zurück. Dann kann eine Person sehr oft oder schnell in die psychische Äquivalenz zurückfallen. Schließlich wird die Welt in einem solchen Zustand klarer und berechenbarer: Schwarz ist schwarz und weiß ist weiß, immer ist immer und nie ist nie. Ich *weiß*, dass Sie mich ausnutzen wollen, also schreibe ich Sie ab. In einem psychischen Äquivalenzmodus macht man die Welt einfacher und klarer, als sie tatsächlich ist. Das trägt nicht dazu bei, einen gut abgestimmten Kontakt mit der anderen Person herzustellen, aber vielleicht hilft es doch, sich selbst etwas Klarheit über die Welt zu verschaffen.

Psychische Äquivalenz kann auftreten, wenn man sehr angespannt ist, obgleich das keine Voraussetzung ist. Manchmal können Menschen tief verwurzelte Überzeugungen haben, die sie aus welchen Gründen auch immer nie mehr infrage stellen wollen: Männer haben keine Gefühle; Kinder darf man nicht verwöhnen; wenn man in einer Klasse nicht gleich zeigt, wer der Boss ist, tanzen einem die Schüler:innen auf der Nase herum; Frauen weinen immer, deshalb eignen sie sich nicht für Spitzenpositionen.

> Kennen Sie bei sich selbst Momente, in denen Sie in die psychische Äquivalenz zurückfallen? Wann ist das das letzte Mal passiert, und was war da los? Was hat Sie so sehr getroffen oder unter Anspannung gesetzt, dass Sie Ihr effektives Mentalisieren verloren haben? Bei welchen Überzeugungen merken Sie, dass Sie diese eigentlich zu wenig infrage stellen?

Aus obigen Ausführungen lässt sich ableiten, wie man einen Zustand mentaler Äquivalenz erkennen kann. Wesentlich dafür ist: Was ich denke und fühle, ist wahr. Wenn jemand Äußerungen macht, die zu absolut oder zu wenig unsicher sind, kann das ein Zeichen für psychische Äquivalenz sein. Typische Wörter sind: immer, nie, alle, niemand – Wörter, die die Realität zu sehr vereinfachen. Ein weiteres Zeichen ist die Verwendung von abgedroschenen Phrasen: »Ich bin nun mal schnell auf hundertachtzig.« Wenn man selbst die Zielscheibe psychischer Äquivalenz ist, merkt man zum Beispiel, dass einem ein Etikett aufgeklebt wird, das nicht (ganz) passt, zum Beispiel: »Du magst mich nicht, das sehe ich in deinen Augen.« Die Person zweifelt eigentlich nicht mehr an der Wahrheit ihrer Aussagen.

Im psychischen Äquivalenzmodus hält eine Person an ihren Gefühlen, Gedanken, Meinungen und Überzeugungen fest: Ich kenne die Wahrheit. Es gibt keinen Raum mehr für eine andere Ansicht, Meinung oder Wahrheit. Die Auswirkung der psychischen Äquivalenz auf die Beziehung zeigt sich am Beispiel von Marlies und Vera: Man verstrickt sich so leicht in ein Gespräch, in dem man aneinander vorbeiredet, in eine aussichtslose Diskussion. Die psychische Äquivalenz verleitet einen dazu: Man will die Überzeugung der anderen Person widerlegen. »Es ist nicht wahr, was du sagst, ich mag dich doch.« »Nein, du lügst, du sagst einfach nicht, was du wirklich denkst!« »Doch, das mach ich ...« Oder man versucht, vernünftige Argumente vorzubringen, doch die ändern nichts an der Überzeugung des anderen. Psychische Äquivalenz führt oft zu Frustration, Unverständnis und Verärgerung. Man kann sich vorstellen, dass verletzliche Menschen, die sich häufig in einem Zustand der psychischen Äquivalenz befinden, in einer Welt leben, in der sie sehr oft auf Unverständnis stoßen und sich nicht gehört fühlen.

3.2 Teleologischer Modus: Erst sehen, dann glauben

Vertrauen, Ehrlichkeit, Enttäuschung, Liebe und andere »mentale« Phänomene können wir nicht direkt wahrnehmen. Sie sind weder sichtbar noch greifbar. Wir müssen sie erschließen und interpretieren. Das gibt nicht immer Sicherheit und Halt. Wenn man sich in der Vergangenheit wenig auf die Liebe oder Verbundenheit anderer verlassen konnte, ist es schwierig, in seinem Leben und seinen Beziehungen darauf zu bauen. Der teleologische Modus führt uns zurück zu dem Halt, den wir als kleine Kinder in der Welt oft gesucht haben: Nur wenn Mama auch körperlich da ist, ist sie auch mental da. Oder: Wenn ich blute, habe ich Schmerzen. Wenn ich Fieber habe, bin ich krank. Wenn ich in der Ecke stehe, bin ich ungezogen. Auf diese Weise gelingt es einem Kind, die Welt zu ordnen und zu verstehen. Kennzeichnend für den teleologischen Modus ist, dass etwas Greifbares getan werden oder vorhanden sein muss, um etwas Mentales oder Emotionales zu erleben. In einem teleologischen Modus herrscht (scheinbare) Klarheit. Die Begründung von nicht sichtbaren mentalen Zuständen wird in sichtbaren Dingen und Handlungen gesucht. Der Rückfall in den teleologischen Modus ist also eine Art und Weise, unser Verständnis der Welt etwas zu vereinfachen, indem wir es – wie Kleinkinder – von sichtbaren Dingen und Handlungen abhängig machen: »Wenn mein Partner mir Blumen schenkt, ist das ein Zeichen der Liebe.« Oder: »Es ist logisch, dass ich mich verletzt fühle, wenn man meinen Geburtstag vergisst.«

Lisa und Hannah

Lisa ist vor einiger Zeit Mutter geworden. Seit Kurzem bringt sie ihre kleine Tochter Hannah in die Kindertagesstätte. Am liebsten wäre Lisa zu Hause geblieben, um sich selbst um Hannah zu kümmern, aber sie muss wieder arbeiten gehen. Es fällt ihr schwer, darauf zu vertrauen, dass sich andere genauso gut um Hannah kümmern wie sie selbst. Wenn Lisa ihr Töchterchen abholt, will sie genau wissen, wie ihr Tag verlaufen ist. Sie erwartet von den Betreuer:innen, ihr täglich einen detaillierten schriftlichen Bericht zu geben: wie lange Hannah geschlafen hat, wie viel Milliliter sie getrunken hat, wie oft ihre Windel gewechselt wurde, wie oft sie

geweint hat und aus welchem Grund, und ob sie leicht zu trösten war. Oft ist der Bericht weniger ausführlich, als Lisa es gerne hätte. In solchen Fällen kann sie sehr enttäuscht sein. Lisa braucht diese Informationen, um das Gefühl zu haben, dass für Hannah gut gesorgt wird.
Eines Tages ist eine der Betreuer:innen krank. Die anderen Kolleg:innen haben den ganzen Tag fürchterlich hart gearbeitet, aber sie haben es nicht geschafft, auch noch den Bericht zu schreiben. Beim Abholen entschuldigen sich die Betreuer:innen dafür und berichten Lisa kurz von Hannahs Tag. Lisa wird wütend und findet dieses Versäumnis inakzeptabel: »Wenn Sie sich nicht einmal die Mühe machen, etwas ins Heft zu schreiben, wie soll ich dann darauf vertrauen, dass Sie sich gut um Hannah kümmern? Wenn das noch einmal passiert, suche ich mir eine andere Kindertagesstätte!

Lisa mentalisiert in diesem Beispiel nicht gut. Nur konkrete, greifbare Handlungen der Betreuer:innen geben ihr das Vertrauen, dass sie es mit Hannah gut meinen. Erst sehen, dann glauben. Vielleicht ist sie zu ängstlich, um Hannah loszulassen und darauf zu vertrauen, dass sich andere auch gut um sie kümmern können. Daher ist sie abhängig von sichtbaren Beweisen als Zeichen für Zuwendung und Fürsorge. Das Fehlen dieser Beweise bestätigt in Lisas Augen, dass Hannah nicht gut versorgt wird. Es bleibt kein Raum für die Einsicht, dass die Zeit, die die Betreuer:innen für die Eintragungen in das Heft benötigen, nicht für die tatsächliche Fürsorge für Hannah verwendet werden kann. Auch wenn Lisa nur möchte, dass man sich gut um ihre Tochter kümmert, verliert sie vor lauter Angst den Bezug zu den anderen und kann sich nicht vorstellen, wie es für die Betreuer:innen ist, auf so fordernde Weise angegangen zu werden.

Was könnten die Betreuer:innen der Kindertagesstätte über Lisas Reaktion denken und fühlen? Sie haben es vielleicht nicht geschafft, etwas in das Heftchen zu schreiben, aber sie wussten, wie der Tag für Hannah verlaufen war und haben dies mündlich geschildert. Sie könnten Lisas Vorwürfe als ungerecht und unfair empfinden. Vielleicht verstehen sie auch nicht, warum Lisa so heftig darauf reagiert: »Sieht sie denn nicht, wie sehr wir uns darum bemühen, unser Bestes zu tun?«

Sie könnten den Drang verspüren, zu beweisen, dass sie engagiert sind oder gut für Hannah gesorgt haben. Sie könnten sich unter Druck gesetzt fühlen, sich noch mehr Mühe zu geben oder für Lisa ausführlichere Berichte zu schreiben als für andere. Nicht, weil sie das selbst für notwendig halten, sondern nur, weil sie sich von Lisa angegriffen fühlen und hoffen, sie auf diese Weise bei Laune zu halten.

Im teleologischen Modus gibt es in der Regel ein *Bedürfnis* (nach Glück, Liebe, Verständnis, gesehen zu werden), aber es bedarf einer konkreten Handlung oder eines physischen Beweises, um spüren zu können, dass dieses Bedürfnis erfüllt wird. Es muss also etwas Greifbares getan werden oder vorhanden sein, damit etwas Mentales oder Emotionales erlebt werden kann, zum Beispiel: »Wenn ich von meinem Partner Blumen bekomme, fühle ich, dass er mich liebt.« Aber auch: Eine bestimmte Erfahrung (z. B.: Wertlosigkeit) kann sich nur durch körperliche Handlungen (z. B.: ein Kompliment bekommen) ändern. Die Handlung, die gefordert und nötig ist, um zu einer mentalen Erfahrung zu gelangen oder sie zu verändern, äußert sich meistens in einem fordernden Appell an andere (siehe das Beispiel von Lisa), aber das muss nicht immer der Fall sein. Nehmen wir zum Beispiel die Äußerung der Nachbarin, dass sie erst glücklich sein wird, wenn sie die Magenverkleinerung bekommen hat und wieder schlank ist. Ihr Glück wird von der Maßnahme der Magenverkleinerung bestimmt; solange dieser Eingriff nicht stattgefunden hat, wird sie sich zu dick und hässlich finden und sich weiterhin unglücklich fühlen.

Im alltäglichen Leben lassen sich unzählige Beispiele für den teleologischen Modus entdecken. Nehmen wir zum Beispiel die Frau, die von ihrem Partner erwartet, dass er ihr mindestens fünfmal am Tag sagt, dass er sie liebt. Der Liebesbeweis muss durch eine konkrete Handlung erbracht werden: Er muss sagen, dass er sie liebt. Oder den Klienten, der nur dann das Gefühl hat, dass sich seine Therapeutin engagiert, wenn zusätzliche Sitzungen angesetzt werden. Oder den Partner, der verlangt, dass die Arbeit im Haushalt zu gleichen Teilen aufgeteilt wird, weil er nur so das Gefühl hat, dass die Beziehung gleichberechtigt ist. Die Beispiele machen vielleicht auch deutlich, dass einige der Aspekte, die wir mit diesem teleologischen Modus assoziieren, nicht unbedingt schlecht sind. Es ist nicht falsch, vom anderen in einer

Beziehung zu erwarten, dass er auch etwas für einen *tut*, z. B. einem einen Blumenstrauß zum Geburtstag schenkt. Es ist oft schön, wenn ein Wunsch mit Taten beantwortet wird. Problematisch wird es jedoch, wenn *ausschließlich* Taten als Beweis ausreichen oder wenn eine Absicht an (das Ausbleiben von) Taten gekoppelt wird: Der Partner, der keine Nachrichten schickt, will seine Frau verletzen. Oder die Therapeutin, die keine zusätzliche Sitzung einplanen will, ist nicht engagiert. Ihr ist es egal, dass sich der Klient schlecht fühlt.

Die Auswirkung des teleologischen Modus ist oft, dass man sich unter Druck gesetzt oder manipuliert fühlt. Man fühlt nicht mehr die Freiheit, das zu tun, was man selbst will, oder der zu sein, der man sein will. Der Hausarzt muss seinen Patienten noch ein weiteres Mal auf Herz und Nieren prüfen, um zu beweisen, dass er seine Beschwerden ernst nimmt, die Sozialarbeiterin fühlt sich gezwungen, den Termin ins Unendliche auszudehnen, um den Klienten nicht zu enttäuschen. Oft hat der teleologische Modus noch eine andere Wirkung: Der/die andere wird frustriert, gereizt: »Was muss ich denn noch tun, um zu beweisen, dass ich treu bin und dich nicht betrüge?« »Wie oft muss Mama dir noch sagen, dass sie dich sehr liebt?« Der teleologische Modus kann beim anderen auch zu einer Gegenreaktion führen: Die andere Person tut absichtlich nicht, was von ihr verlangt wird, beispielsweise um ihre eigene Autonomie zu schützen. Es wird vor allem auf das Verhalten reagiert, während man dem zugrunde liegenden Bedürfnis keine Aufmerksamkeit mehr schenkt.

Überlegen Sie, wo Sie Beispiele für den teleologischen Modus in Ihrem persönlichen oder beruflichen Leben wiedererkennen. Gibt es Dinge, die Ihr Partner/Ihre Partnerin tut, die Sie als Beweis für seine/ ihre Liebe zu Ihnen interpretieren? Was passiert, wenn Ihr:e beste:r Freund:in oder enge:r Kolleg:in Ihren Geburtstag vergisst? Sagt das etwas über die Bindung dieses Menschen zu Ihnen aus? Welches emotionale Bedürfnis von Ihnen steckt dahinter?
Und umgekehrt: Tun Sie manchmal Dinge auf eine bestimmte Art und Weise, um die andere Person von Ihren guten Absichten oder Ihrer Verbundenheit zu überzeugen? Denken Sie an Beispiele, in

denen Sie sich gezwungen fühlten, etwas zu tun, bei dem Sie sich eigentlich nicht wohlfühlten, nur um dem anderen Ihre guten Absichten zu beweisen. Denken Sie darüber nach, wie sich das auf Sie selbst ausgewirkt hat, und versuchen Sie einmal zu erkunden, welches emotionale Bedürfnis hinter der Forderung der anderen Person stehen könnte.

3.3 Als-ob-Modus: Kein Kontakt zur Gefühlswelt

In den bisherigen Beispielen geht es vor allem darum: »Was ich fühle oder denke, ist real« (psychischer Äquivalenzmodus: Beispiele von Marlies und Vera; Erik und Tom) und: »Nur was ich sehe, ist real« (teleologischer Modus: Beispiel von Lisa). Man könnte sagen, dass die Erfahrungen von Erik, Marlies und Lisa *zu real* sind. Darüber hinaus kann sich ineffektives Mentalisieren in Erfahrungen manifestieren, die *zu irreal* sind. In diesen Fällen befinden sich die Menschen im Als-ob-Modus, wie im folgenden Beispiel von Karen und Melanie:

Karen und Melanie

Karen wird von ihrer Teamleiterin Melanie zu einem Gespräch eingeladen. Melanie macht sich Sorgen um Karen, weil sie in letzter Zeit so geistesabwesend wirkt. Anstatt morgens mit dem Rest des Teams einen Kaffee zu trinken oder in der Mittagspause mit ihnen zu Mittag zu essen – wozu sie früher immer zu haben war –, geht sie in den Pausen nur spazieren oder arbeitet durch. Auch ihre Arbeitsleistung scheint etwas nachzulassen, während sie früher immer die Erste war, die die Dinge angepackt hat. Melanie erkennt die fröhliche Karen von früher kaum wieder und fragt sich, was da nicht stimmt.

Melanie fragt Karen, wie es ihr geht und ob es etwas gibt, das sie veranlasst, sich mehr zurückzuziehen und etwas weniger Begeisterung für ihre Arbeit zu zeigen. Karen scheint die Sorgen ihrer Vorgesetzten nicht so recht nachvollziehen zu können. Sie räumt zwar ein, dass sie etwas häufiger allein ist und etwas weniger produktiv ist, aber der Bogen kann ihrer Meinung nach auch nicht immer gespannt sein. Sie weiß nicht, ob wirklich etwas los ist, aber sie fühlt sich manchmal doch ein bisschen leer. Manchmal vermisst sie den Kontakt zu ihren Kolleg:innen, vor allem jetzt, da es in den Kaffeepausen immer um das bevorstehende Betriebsfest geht. Alle Mitarbeiter:innen sind zusammen mit ihren Partner:innen eingeladen, und es wird viel darüber spekuliert, wie das Fest wohl ablaufen wird. Alle freuen sich darauf, nur Karen nicht. Sie weiß nicht so recht, wen sie einladen soll. Einen Partner hat sie nicht. Zu Hause geht sie auch oft allein im Wald spazieren – das ist gesund und gibt ihr Raum, ihre Gedanken zu sortieren.

Mitten im Gespräch merkt Melanie, dass sie nicht mehr so gut zuhört. Sie berappelt sich und fragt Karen, ob sie sich wegen der Betriebsfeier Sorgen macht. Karen antwortet: »Nein. Natürlich ist es eine aufregende Sache, aber das gehört eben auch ein bisschen dazu.« Sie hat sich schon überlegt, ob sie eine Freundin einladen soll. Zwei Kolleg:innen, die keine:n Partner:in haben, haben auch angedeutet, dass sie einfach jemand anderen mitbringen würden. Karen spricht dann weiter über die Betriebsfeier. Nach einer halben Stunde beenden sie das Gespräch.

Als Melanie im Nachhinein über das Gespräch mit Karen nachdenkt, kann sie sich nicht mehr so gut erinnern, über was sie alles gesprochen haben. In diesem Moment wird ihr klar, dass sie auch nicht wirklich verstanden hat, wie es Karen wirklich geht.

Wenn Sie dieses Beispiel lesen, wird Ihnen dann klar, wie sich Karen wirklich fühlt? Vielleicht nicht ... Haben Sie eine Idee, woran es liegt, dass wir so wenig Einblick in Karen bekommen? Haben Sie selbst so etwas schon einmal erlebt?

In diesem Beispiel sehen wir, wie wenig greifbar Karens Gefühle sind. Zwischen der Teamleiterin und Karen findet zwar ein Gespräch statt, aber wir bekommen mit Karen keine Verbindung. Wie aufregend ist die Betriebsfeier für sie wirklich? Wie ist es wirklich für sie, keine Verbindung zu ihren Kolleg:innen zu spüren? In diesem Beispiel zieht Karen nicht bewusst eine Mauer hoch, etwa weil sie sich für ihre Gefühle schämt oder weil sie Angst vor Melanies Reaktion hat. Karen scheint wenig Kontakt zu sich selbst und ihren eigenen Gefühlen zu haben. Was sie erzählt, scheint von den zugrunde liegenden Gefühlen losgelöst zu sein. Es ist, als ob Karen nicht über sich selbst spräche, sondern eine *Geschichte* über sich selbst erzählte. Vielleicht ist Karen im Moment gerade einmal nicht in Kontakt mit ihrem Erleben, es könnte aber auch sein, dass sie viel öfter von sich selbst »entfremdet« ist. Möglicherweise fühlt sie sich sehr oft leer, desinteressiert und passiv. Und möglicherweise gibt es deshalb nichts mehr, was sie wirklich »nährt«, nichts mehr, was Leidenschaft in ihr wecken könnte.

Im Als-ob-Modus sind Worte und Gefühle entkoppelt. Die Menschen sprechen »über« sich selbst, nicht »von« sich selbst. Sie erzählen Geschichten, ohne sich wirklich mit deren emotionaler Bedeutung zu verbinden. Manchmal fühlen sie sich dabei auch öde und leer. Wie beim psychisch äquivalenten und teleologischen Modus kommen Elemente dieses Als-ob-Modus regelmäßig bei jedem von uns vor. Wir träumen vor uns hin, schweifen ab, hören jemandem zu, ohne ganz bei der Sache zu sein. Wir erzählen auf Autopilot, was wir erlebt haben. Wir erklären unser Verhalten zu rational. Der Als-ob-Modus wird erst dann zum Problem, wenn es uns nicht mehr gelingt, uns mit unseren eigenen Gefühlen oder denen der anderen zu verbinden. Manchmal wird buchstäblich nichts mehr gefühlt, nicht einmal im eigenen Leib. Eine extreme Form des Als-ob-Modus ist die *Dissoziation*. Der Kontakt zur Außenwelt ist dann völlig verloren gegangen, und auch körperliche Schmerzreaktionen (z. B. bei Selbstverletzungen) bleiben aus. Umgekehrt kann der fehlende Kontakt zur eigenen Gefühlswelt auch zu zahlreichen körperlichen Schmerzsymptomen führen, oft ohne medizinische Erklärung.

Der »Als ob«-Modus führt in der Regel dazu, dass die andere Person aussteigt. Die erzählte Geschichte tangiert den anderen nicht wirklich. Es besteht die Gefahr, dass er sich langweilt und nicht wirklich mitfühlt. Daher ist es auch nicht verwunderlich, dass die Teamleiterin fast den Faden verliert. Oft merkt man während des Gesprächs auch kaum, worum es eigentlich geht. So auch Melanie: Sie kann sich nicht mehr so recht an das Gespräch erinnern, wahrscheinlich weil es auch für sie schwierig war, mit dem, was erzählt wurde, Fühlung aufzunehmen. Für Karen hat das die Konsequenz, dass sie wenig Verständnis, Unterstützung und Anerkennung erfährt. Es ist wenig Gefühl im Spiel, um dessen Verständnis sich der andere bemühen könnte. Daher ist die Gefahr groß, dass die anderen Karen einfach ihr Ding machen lassen, sich von ihr distanzieren und, wie Karen selbst, eine zugrunde liegende Belastung ignorieren.

3.4 Grundlegende Unterschiede zwischen den drei Modi

Im psychischen Äquivalenz- oder teleologischen Modus ist die Anspannung in der Regel (aber nicht notwendigerweise) hoch: Man ist so sehr von seinen eigenen Ansichten überzeugt, dass man andere Ansichten nicht ertragen kann, sodass ständig das Risiko besteht, in Streit zu geraten (psychischer Äquivalenzmodus). Oder es gibt ein dringendes Bedürfnis, das nur durch konkrete Handlungen erfüllt werden kann, sodass die andere Person wie auf Eiern geht (teleologischer Modus). Unverständnis und Schuldzuweisungen gehen damit oft Hand in Hand. Im Gegensatz dazu ist die Anspannung im Als-ob-Modus gering. Der Affekt ist flach. Der andere beteiligt sich zwar am Gespräch, doch keiner von beiden wird dazu animiert, sich Gedanken darüber zu machen, was sich bei ihm, dem anderen oder zwischen ihnen beiden abspielt. Der psychische Äquivalenz- und der teleologische Modus bieten zu wenig (emotionale) Abgrenzung (»Du musst denken, fühlen und tun, was ich denke, fühle und will. Du darfst nicht mehr du selbst sein«), während der Als-ob-Modus gerade für zu viel emotionale Abgrenzung sorgt: Ich komme nicht in Kontakt mit meinen eigenen Gefühlen, und der andere kommt nicht in Fühlung mit mir.

Menschen haben oft einen »bevorzugten Modus«, in den sie geraten, wenn sie in prämentalisierende Modi zurückfallen. Das heißt aber nicht, dass sie nicht auch in andere Modi geraten können. Jemand kann sich zum Beispiel in einem Als-ob-Modus befinden, aber wenn etwas passiert, das den Betreffenden wirklich angeht, kann er oder sie in den psychischen Äquivalenzmodus geraten, in dem die Verbindung mit den Gefühlen wiederhergestellt ist und sich die Gefühlswelt plötzlich zu heftig oder zu absolut manifestiert. Denken Sie an einen Heranwachsenden, der sich vorwiegend distanziert verhält, aber plötzlich sehr empört, wütend oder emotional wird. Oder an eine Person, die emotional sehr ergriffen vom Tod ihres Vaters spricht, darüber, dass das Leben nie wieder so sein wird wie früher, aber eine Woche später, wenn man sie fragt, wie es ihr geht, völlig unterkühlt über das Ereignis spricht. In der klinischen Praxis erleben wir dies häufiger: Dort ist der Bereich, in dem Klienten gut mentalisieren, meist nicht so groß. Die Klienten rutschen entweder in einen psychisch äquivalenten oder teleologischen Modus – in dem ihre Anspannung hoch ist, die Gefühle intensiv sind und in dem sie impulsiv und fordernd sein können – oder sie befinden sich in einem Als-ob-Modus, in dem sie distanziert sind und sich leer fühlen. Subjektiv erleben sie sich dann entweder ängstlich und überwältigt oder abgestumpft und leer.

> Wissen Sie, was Ihr bevorzugter Modus ist? Tendieren Sie eher dazu, in Ihrem Denken und Fühlen rigider zu werden, oder neigen Sie eher dazu, zu rationalisieren und sich von Gefühlen zu lösen? Und wie äußert sich ineffektives Mentalisieren bei Ihrem Partner/Ihrer Partnerin, Ihren Kindern oder Freund:innen? Wenn Sie an bestimmte Situationen bei der Arbeit zurückdenken, die nicht so gut liefen, welcher Modus war dabei dominant?
> Wenn Sie im Beratungsbereich tätig sind, versuchen Sie einmal, bei Ihren Klient:innen zu erkunden, welche Art des Prämentalisierens bei ihnen dominant ist.

3.5 Zusammenfassung

Schlechtes Mentalisieren kann drei typische Formen annehmen. Im psychisch äquivalenten Modus können wir uns zu sicher sein, dass das, was wir denken und fühlen, wahr ist. Das hat in der Beziehung oft zur Folge, dass zwei Personen einander zu überbieten versuchen und in einem Gespräch enden, in dem niemand dem jeweils anderen zuhört. Im teleologischen Modus können wir nur etwas annehmen oder auf etwas vertrauen, wenn wir es sehen oder wenn es greifbare Beweise dafür gibt. In Beziehungen wird dadurch oft ein gewisser Zwang oder eine gewisse Manipulation erfahren. Im Als-ob-Modus sind wir zu wenig in Kontakt mit unseren Gefühlen und Bedürfnissen. In Beziehungen kommt dadurch oft wenig Verbindung zustande, sodass der andere nicht wirklich zuhört und daher auch nicht unterstützend wirken kann. Jede Form von schlechtem Mentalisieren führt also unmittelbar zu Problemen in der Beziehung zu anderen Menschen. Aus diesem Grund kann es nicht unabhängig davon betrachtet werden.

Effektives Mentalisieren entwickelt sich überdies auch in Beziehungen, vor allem in der Beziehung zu den eigenen Bezugspersonen, in der Regel den Eltern. In den folgenden Kapiteln befassen wir uns mit Bindung und Bindungsstilen (in Kapitel 4 geht es um sichere Bindung, in Kapitel 5 um unsichere Bindung) und damit, wie diese mit effektivem und ineffektivem Mentalisieren zusammenhängen.

KAPITEL 4

Erziehung und Bindung

In den vorangegangenen Kapiteln haben wir beschrieben, wie wichtig gutes Mentalisieren für den Aufbau guter und verständnisvoller Beziehungen ist. Mentalisieren ist eine Fähigkeit, die wir entwickeln müssen. Die Grundlage für diese Entwicklung wird in den ersten Lebensjahren gelegt – oder möglicherweise sogar noch früher.

> Falls Sie selbst Kinder haben, können Sie sich daran erinnern, wie Sie sich zusammen mit Ihrem Partner/Ihrer Partnerin ausgemalt haben, wie Ihr Sohn oder Ihre Tochter sein würde?
> Falls Sie keine Kinder haben, haben Sie sich vielleicht schon einmal vorgestellt, wie Ihr Kind sein würde?

Kinder existieren in den Köpfen ihrer Eltern oft schon, bevor sie geboren werden. Eltern machen sich dann ein Bild davon, wie ihr Kind wohl sein wird. Dabei messen sie schon vagen Zeichen eine Bedeutung bei. Wenn ein Kind zum Beispiel im Mutterleib aktiv ist, denken die Eltern, dass sie mit diesem kleinen Wesen sicherlich alle Hände voll zu tun haben werden. Ist das Kind erst einmal geboren, geht dieser Prozess natürlich unvermindert weiter. Ein kleines Töchterchen, das nicht lange nach der Geburt umherschaut, ist »neugierig« und »nimmt die Welt voll in sich auf«. Die Eltern beobachten ihr Kind, denken über es nach und geben dem, was sie sehen oder zu sehen glauben, Bedeutung. Zum Glück ... Babys sind schließlich hilflos. Wären sie nur auf sich selbst angewiesen, würden sie nicht überleben. Sie brauchen Eltern, die sich auf sie einstellen. Eltern, die sowohl auf ihre körperlichen Bedürfnisse (z. B. Hunger) als auch auf ihre emotionalen Bedürfnisse (z. B. Beruhigung oder Trost) eingehen. Sie brauchen Mama oder Papa, um ihnen die

Brust oder die Flasche zu geben, wenn sie hungrig sind. Sie brauchen sie, um die lästige nasse Windel zu wechseln oder um sie zu trösten, wenn sie unter Krämpfen leiden.

4.1 Bindungsverhalten

Die Natur hat Babys mit einer einzigartigen Eigenschaft ausgestattet: Wenn sie Mama oder Papa brauchen, können sie mit bestimmten Verhaltensweisen deren Aufmerksamkeit auf sich ziehen. Sie fangen an zu weinen oder zu quengeln, rufen »Mama!«, wenn sie älter sind, oder strecken ihre Ärmchen aus. Sie signalisieren den Eltern: »Ich brauche dich!« Und auch Eltern sind von Natur aus mit einer einzigartigen Eigenschaft ausgestattet: Sie nehmen diese Signale auf und reagieren darauf. Sie geben die Brust oder das Fläschchen, wechseln die Windel, nehmen das Kind auf den Arm, reagieren auf sein Rufen. Im Zuge dieser vermeintlich einfachen Handlungen ergibt sich etwas Wichtiges. Hunger, eine nasse Windel und Krämpfe werden von einem Baby nämlich nicht als etwas Spezifisches empfunden. Stattdessen erleben Babys etwas wie allgemeines Unbehagen, etwas Unangenehmes, etwas wie Anspannung. Indem Eltern auf die Signale ihres Babys eingestellt sind und von diesen fast natürlich auf das zugrunde liegende Bedürfnis schließen – auf das sie dann reagieren –, wird für das Baby eine sichere Umgebung geschaffen. Mit diesen einfachen Interventionen sorgen die Eltern also nicht nur dafür, dass sich ihr Baby ruhiger, wohler und entspannter fühlt, sie antworten auch auf den Ruf nach Nähe und geben dem Baby, was es braucht. In diesen Interaktionen wird der Grundstein für Bindung gelegt.

Tag für Tag gibt es Dutzende, wenn nicht Hunderte von Interaktionen, in denen Eltern auf ihr Kind eingehen und ihm helfen, sich selbst zu *regulieren*. Ist das Kind müde, legen es die Eltern in eine Wiege oder ein Bettchen und schützen es vor Überreizung, damit es schlafen kann. Wacht das Kind auf, ist es hungrig oder hat es eine nasse Windel, lesen Eltern diese Signale und geben ihm zu essen oder legen ihm eine frische Windel um. Ist das Kind jedoch wach und zufrieden, nehmen sie es auf den Schoß und schauen sich mit ihm gemeinsam Bilder in einem

Buch an. Weint es, weil es müde, überreizt oder hungrig ist, helfen ihm die Eltern, die Zeit bis zum Schlafen oder Essen zu überbrücken, indem sie das Kind beruhigen oder es herumtragen. So helfen die Eltern dem Kind, einen unangenehmen Zustand zu regulieren. Und sie helfen, die manchmal abrupten Übergänge zwischen angenehmem Spielen und überreiztem Weinen zu verlangsamen und weniger abrupt zu gestalten.

Das Verhalten, mit dem Säuglinge ihre Eltern oder andere Bezugspersonen »rufen«, bezeichnen wir als *Bindungsverhalten*. Wir alle kennen es von Säuglingen und Kindern, doch auch ältere Kinder und Erwachsene zeigen Bindungsverhalten. Sind Sie z.B. zu einer Fortbildung im Ausland und Ihr Laptop wird gestohlen, möchten Sie dieses Problem vielleicht nicht nur praktisch lösen, sie haben vielleicht auch das Bedürfnis, zu Hause anzurufen. Ihr:e Partner:in kann Ihnen zwar nicht sofort einen Ersatzlaptop zur Verfügung stellen, doch er/sie kann Ihnen helfen, sich wieder etwas zu beruhigen. Und es ist einfach schön, in stressigen Momenten die Stimme vertrauter Menschen zu hören oder diese zu sehen.

4.2 Sichere Bindung und Emotionsregulation

Auf der Grundlage all dieser kleinen, alltäglichen Erfahrungen entwickelt ein Kind in den ersten Lebensjahren ein Bild davon, wie seine Eltern sind. So hat die kleine Charlotte zum Beispiel gemerkt, dass Mama kommt, wenn sie weint, und sie dann ein Fläschchen bekommt, oder dass Mama sie auf den Arm nimmt und ihr zärtliche Worte zuflüstert. Auch Pauls Papa scheint ihn meist sofort zu verstehen, zum Beispiel weil er Paul hochhebt und ihn in die Luft wirft, sobald er die Arme ausstreckt. Paul kreischt dann vor Vergnügen. Wegen solcher Erlebnisse fühlen sich Charlotte und Paul bei ihren Eltern sicher. Sie haben das Gefühl, dass ihre Eltern für sie da sind, wann immer sie sie brauchen, und dass sie es gut mit ihnen meinen. Wir bezeichnen das als *sichere Bindung*. Das Kind weiß, bei wem es Trost und Hilfe finden kann, denn es hat unzählige Male erleben können, dass Mama und Papa, Oma und Opa und später auch die Tagesmutter oder die Erzieherin für es da sind. Deshalb wird es, wenn es sich ängstlich oder allein fühlt, die Nähe dieser Bezugspersonen suchen. In der Nähe von Mama oder Opa kann das Kind zum Beispiel kurz auftanken, um sich dann wieder auf das zu konzentrieren, womit es gerade zugange war.

> Sichere Bindung bedeutet, die Erwartung zu haben, dass wichtige andere, die auch als »Bindungspersonen« bezeichnet werden, für einen da sind und sich um einen kümmern, wenn man ängstlich, gestresst oder angespannt ist.

Tessa

Tessa ist drei Jahre alt und geht zum ersten Mal in die Kinderkrippe. Sie freut sich sehr darauf. Ihre Eltern haben sich mit Tessa auf diesen ersten Tag gefreut. Sie sind schon einmal mit ihr hingegangen, als der Raum noch leer war, um sich umzuschauen. Tessa hat damals schon die Puppenecke entdeckt, und seitdem redet sie von nichts anderem mehr. Sie hat sich fest vorgenommen, gleich am ersten Tag in der Puppenecke zu spielen.

Doch als Papa mit ihr in die Kinderkrippe kommt, verändert sich etwas bei Tessa: Die gute Laune weicht der Angst. All die neuen und unbekannten Gesichter sind für sie ziemlich aufregend, und all die spielenden Kinder machen ziemlich viel Lärm. Tessa ist von den vielen Eindrücken überwältigt und weiß plötzlich nicht mehr, ob sie hier wirklich sein will. Sie versteckt sich hinter Papas Bein und hält sich an seinem Hosenbein fest. Papa streichelt ihr über den Kopf und sagt: »Das sind aber viele neue Gesichter, gell?« In der Zwischenzeit kommt die Erzieherin zu ihnen hinüber und gibt Papa die Hand. Papa sagt, dass Tessa sich sehr darauf gefreut hat, zum Spielen zu kommen, dass sie es jetzt aber offenbar ein bisschen aufregend findet. Die Erzieherin kniet sich hin und schaut Tessa in die Augen: »Hallo Tessa, ich bin Karin. Ich sehe, dass du dich an das alles hier erst gewöhnen musst, aber ich bin mir sicher, dass es dir hier sehr gut gefallen wird. Womit spielst du gerne?«

Tessa schaut Papa ein wenig ängstlich an. Papa erzählt Karin, dass Tessa sehr gerne mit Puppen spielt und sich schon auf die Puppenecke gefreut hat. »Wie schön! Komm, ich zeige dir die Puppenecke. Siehst du das Mädchen mit den Locken? Das ist Eva, sie spielt auch gerne mit Puppen. Ich bin mir sicher, dass ihr gute Freundinnen werdet«, beruhigt sie die Erzieherin. Sie streckt Tessa ihre Hand entgegen. Tessa schaut noch mal zu Papa, der ihr aufmunternd zunickt. Vorsichtig gibt sie Karin ihre Hand und geht mit ihr zur Puppenecke. Auf halbem Weg schaut Tessa noch einmal zurück und zieht eine kleine Schnute. Doch Papa hält den Daumen hoch und ruft: »Ich bin stolz auf dich, mein Schatz! Viel Spaß und bis später! Die Schnute verwandelt sich in ein vorsichtiges Lächeln.

Tessa wird in einer neuen und ungewohnten Situation ängstlich: Die Kinderkrippe war ohne Kinder und gemeinsam mit Mama und Papa doch um einiges sicherer. Wenn sie daran denkt, dass Papa bald weg ist und sie allein in der großen Kinderkrippe mit all den unbekannten Gesichtern zurückbleibt ... Tessa ist es gewohnt, bei Papa Trost zu suchen, wenn sie Angst hat. Sie hat die Vorstellung, dass Papa sich um sie kümmert, wenn sie Angst hat, dass er das Richtige für sie tut und sie ihm vertrauen kann. In dem Beispiel sehen wir, dass Papa mindestens drei wichtige Dinge tut: Er stellt sich auf ihre momentanen Emotionen ein (»viele neue Gesichter«, »aufregend«), er hilft ihr, der Erzieherin Karin zu vertrauen (er verwickelt sie in ein Gespräch und spricht darüber, wie Tessa sich seiner Ansicht nach fühlt), und er stärkt ihr Selbstvertrauen (»Ich bin stolz auf dich«). Papas ermutigender Blick lehrt sie, dass es in Ordnung ist, Karin zu vertrauen. Das deckt sich mit ihren eigenen Gefühlen, denn als die Erzieherin sie ansieht und freundlich anlächelt, wird alles plötzlich viel weniger furchterregend. Erzieherin Karin scheint sich auch für sie zu interessieren und dafür, was sie mag. Tessa fühlt sich in ihrer Angst gesehen. Sowohl Papa als auch die Erzieherin Karin zeigen in ihren Reaktionen, dass sie verstehen, wie aufregend das alles für Tessa ist. Das ermöglicht es Tessa, die Angst und die Anspannung auszuhalten, und nach und nach findet sie mehr Raum, auf Erkundungstour zu gehen. Es kann gut sein, dass sie im Laufe des Tages gelegentlich noch zu Karin kommt, um »aufzutanken« und beim Spielen durchhalten zu können, bis sie sich in der neuen und aufregenden Situation sicher und wohl genug fühlt.

Das ist eine Situation, mit der jedes Kleinkind oder Vorschulkind konfrontiert wird. Versuchen Sie darüber nachzudenken, was Tessa in dieser Situation über sich selbst und andere lernt. Wie wirken sich solche Lernerfahrungen auf das Vertrauen aus, das sie in sich und andere hat?

Papa hilft Tessa, sich in einer neuen und aufregenden Situation zurechtzufinden. Er stellt sich auf Tessas Gefühle ein und macht ihr deutlich, wie er ihre Reaktion versteht. Wir nennen dies auch »Spiegeln«.

4.3 Spiegeln

Spiegeln bedeutet, dass die Eltern (oder andere Bezugspersonen) dem Kind eine Art Spiegel vorhalten, sodass das Kind durch die Reaktion der Eltern besser verstehen kann, was es selbst fühlt und erlebt. Aber anders als ein echter Spiegel spiegeln die Reaktionen der Eltern nicht genau dasselbe wider. Lassen Sie uns das an einem anderen Beispiel verdeutlichen.

Christine und Finn

Christine ist die Mutter des drei Monate alten Finn. Es ist Nachmittag, und Finn liegt in seinem Bettchen und schläft. Normalerweise schläft er eine ganze Weile, sodass Christine die Zeit nutzt, um schnell ein paar Dinge im Haus zu erledigen. In ihrer Eile stößt Christine eine Vase um, die prompt mit einem gehörigen Lärm zu Boden fällt. Fast sofort hört sie ein Weinen aus Finns Zimmer. Christine geht zu Finn, nimmt ihn auf den Arm und tröstet ihn: »Na, Kleiner, bist du erschrocken? Mama hat aber auch wirklich ganz schön Krach gemacht, oder?« Sie hält ihn fest, wiegt ihn und macht besänftigende Geräusche. Finn beruhigt sich wieder, und nach ein paar Minuten legt Christine ihn sanft zurück in sein Bettchen.

Finn beginnt zu weinen, als er vom Lärm aufgeschreckt wird. Christine nimmt dieses Signal auf (»Mit Finn stimmt etwas nicht«), geht zu ihm und tröstet ihn. Sie tut das, indem sie ihn auf den Arm nimmt, damit er sich bei ihr sicher fühlt, aber auch, indem sie ihn mit einer sanften und liebevollen Intonation in der Stimme anspricht. Christine spricht an, dass Finn vielleicht durch das laute Geräusch aufgeschreckt worden sein könnte. Sie fast seine Erfahrung in Worte. Aber sie tut noch mehr als das. Mit dem, was sie tut, was sie sagt und wie sie es tut und sagt, hilft sie Finn, seine Emotionen – mit denen er selbst noch nicht gut umgehen kann – zu regulieren. Sie liest die Gefühle, die hinter dem Weinen stehen, zeigt, dass sie für ihn da sein will und versucht in Worte zu fassen, was Finn fühlen könnte. Dadurch lernt Finn, dieses unangenehme Gefühl in sich selbst zu erkennen und auch damit umzugehen. Und das tut Christine nicht nur in dieser Situation, sondern vielfach, und das an jedem Tag.

Kleine Kinder kennen Emotionen wie Angst, Traurigkeit, Wut und Scham noch nicht. Sie kennen nur Lust/Unlust oder Anspannung/Entspannung. Gefühle sind anfangs etwas sehr Körperliches: Babys haben körperliche Empfindungen, die angenehm oder unangenehm sind. Diese Empfindungen werden erst dann zu Gefühlen, wenn die Eltern sie als solche benennen. Körperliche Empfindungen, die dem zugrunde liegen, was wir »Gefühle« oder »Emotionen« nennen, bezeichnet man als »Affekte«.

Was Christine mit Finn macht, nennen wir daher *Spiegelung* oder *Affektspiegelung*. In ihrer Reaktion auf Finn spiegelt sie etwas von dem Schrecken oder der Angst wider, die sie in seinem Weinen wahrnimmt. Christines Mimik passt zu Finns Gefühlen, so wie Christine sie versteht. Wenn ein solcher Zusammenhang besteht, nennen wir die Spiegelung *kongruent*. Das bedeutet, dass Christine das Gefühl, das Finn erlebt, gut nachvollziehen kann und ihm in ihrer Reaktion etwas davon zeigt und zurückgibt. Beim kongruenten Spiegeln stimmen zum Beispiel der Gesichtsausdruck und die Intonation der Bezugsperson mit dem überein, was das Kind selbst ausdrückt. Die Erfahrung des Kindes wird dann »richtig« gespiegelt. Eltern tun dies fast immer spontan und intuitiv. Sie sprechen zum Beispiel nicht nur das Verhalten an, sondern auch das Erleben, das dahintersteckt: »Das scheint ein spannender Film zu sein, den du da schaust. Ist es gemütlich auf Omas Schoß?« »Es ist nicht schön, wenn dich deine Schwester so kneift.« Eltern, die im Kontakt mit ihrem Kind einen Blick für die »Befindlichkeit« ihres Kindes in diesem Moment haben, schaffen mehr Sicherheit im Kontakt. Das Kind fühlt sich dann gewissermaßen von seinen Eltern »getragen« und »verstanden«. Mit anderen Worten: Das Kind *fühlt sich mentalisiert*.

Wenn die Spiegelung der Eltern oder Bezugspersonen jedoch nicht mit der Erfahrung des Kindes übereinstimmt, spricht man von *inkongruenter* Spiegelung. Stellen Sie sich zum Beispiel vor, Christine hätte mit Wut auf Finns Weinen reagiert und mit einer gewissen Genervtheit in der Stimme gesagt: »Hör bitte auf zu weinen, so schlimm war es nun auch wieder nicht.« Dann hätte Christine gespiegelt (»Es war nicht so schlimm«), doch ihre Darstellung hätte nicht zu Finns Erleben gepasst, der verstört war.

> Kennen Sie Beispiele für kongruentes Spiegeln in Ihrem Umfeld? Haben Sie eigene Beispiele, in denen sie z. B. als Elternteil, Lehrer:in, Berater:in agieren? Welche Wirkung hatte das auf den Kontakt in diesem Moment?
> Erkennen Sie in ihrem Umfeld oder Ihrer eigenen Geschichte Beispiele für inkongruente Spiegelung? Welche Folgen hätte eine inkongruente Spiegelung?

Darüber hinaus ist es wichtig, dass die Spiegelung des Affekts von der Bezugsperson *markiert* wird. Christine markiert ihre Spiegelung, indem sie Finn mit hochgezogenen Augenbrauen und hoher Stimme fragt, ob er sich erschreckt hat. Damit macht sie Finn klar, dass sie selbst nicht erschrocken war, sondern ihm etwas davon zurückgibt, was er selbst erlebt hat. Markieren bedeutet: eine Grenze ziehen – zwischen meiner Erfahrung (mind) und deiner Erfahrung (mind) unterscheiden. Eltern tun dies typischerweise mit einer übertriebenen und verstärkten Mimik oder einer etwas spielerischen Intonation. So wird deutlich, dass das gespiegelte Gefühl zum Kind gehört und nicht zu den Eltern oder zur Bezugsperson. Durch Christines ausgeprägtes Spiegeln lernt Finn, dass seine Erfahrung – die für ihn zunächst nur aus Unlust besteht – erträglich ist, einen Sinn haben und dadurch auch reguliert werden kann. Mama teilt ihm mit, dass sie seine Gefühle kennt und anerkennt, dass sie davon aber nicht in Panik versetzt wird, und ihm helfen kann, sie zu ertragen.

Achten Sie darauf, wie schnell selbst Menschen, die keine Kinder haben, ihren Tonfall, ihre Intonation und ihre Sprache bei einem Baby verändern: Sie reden langsamer, spielerischer, verstärken ihre Mimik. Achten Sie auf die Interaktionen zwischen Eltern und Babys, insbesondere wenn sich das Baby unwohl fühlt. Kennen Sie bei sich selbst oder in Ihrer Umgebung Beispiele für ausgeprägtes und unausgeprägtes Spiegeln?

Merkmale einer guten Affektspiegelung:

Kongruent: Es besteht eine Übereinstimmung zwischen dem Affekt des Kindes und dem von der Bezugsperson gespiegelten Affekt.
Markiert: Bei der Spiegelung wird deutlich gemacht, dass nicht der Affekt der Bezugsperson gespiegelt wird, sondern der des Kindes.

4.4 Sichere Bindung und inneres Arbeitsmodell

Durch eine gute Affektspiegelung macht das Kind die Erfahrung, dass die Eltern in einer vorhersehbaren Weise »da sind«: Sie nehmen seine Bedürfnisse und Gefühle ernst, erkennen sie als wichtig und wertvoll an und gehen darauf ein. Dadurch entwickelt das Kind die Erwartung, dass die Eltern fürsorglich, verlässlich und verfügbar sind. Wir nennen eine solche Erwartung auch das *Arbeitsmodell* oder die Blaupause von den Eltern. Ein Arbeitsmodell, bei dem das Kind erwartet, dass die Eltern verfügbar und fürsorglich sind, nennen wir *sichere Bindung*. Kinder mit einer sicheren Bindung werden im Allgemeinen von ihren Eltern kongruent und markiert gespiegelt. Durch diese Spiegelung wird dem Kind implizit eine sehr wichtige Botschaft vermittelt: Die Eltern zeigen gewissermaßen, dass es im Kind ein »Ich« gibt, ein »Ich«, das es wert ist, gesehen zu werden, ein »Ich« mit allerlei Erfahrungen, die es geben darf. Erfahrungen, die nicht einfach schnell »weggesteckt« werden, sondern auf die reagiert wird und die anerkannt werden und damit auch eine Bedeutung bekommen und reguliert werden können.

Was sich zwischen Christine und Finn abspielt, ist eines von Dutzenden Beispielen für Spiegelungen, die Finn jeden Tag erlebt, und eine von Tausenden von Spiegelerfahrungen, die er in seinem jungen Leben machen wird. Natürlich macht Christine das nicht immer gleich gut. Das muss sie auch nicht. Manchmal sind die Eltern selbst müde und deshalb nicht kongruent auf ihr Kind eingestimmt, oder es passiert etwas, das sie dazu bringt, selbst kurzzeitig starken Emotionen nachzugeben, ohne ihre eigenen Erfahrungen zu markieren. Auch die besten Eltern sind nicht ständig in der Lage, sich ganz auf ein Kind abzustimmen. Wichtig ist vor allem, dass es einen *Prozess* der Suche nach einer Abstimmung gibt, und nicht so sehr, dass die Spiegelung immer und gleich »richtig« ist. Wenn ein Elternteil feststellt, dass es eine Diskrepanz zwischen der Erfahrung des Kindes und seiner eigenen Affektspiegelung gibt, wird es erneut nach Möglichkeiten suchen, wie es dennoch an dessen Erfahrung anknüpfen kann, sodass eine Wiederherstellung stattfinden kann. Dieser Prozess bestimmt, welche Erfahrungen ein Kind *in der Regel* in einer Beziehung macht. Wenn das Kind gewöhnlich die Erfahrung macht, dass seine Emotionen auf kongruente und markierte Art aufgegriffen und gespiegelt werden, dann wird es selbst neugieriger, es macht die Erfahrung, dass Emotionen eine Bedeutung haben und sich regulieren lassen, und es beginnt seine innere Welt als »sicher« wahrzunehmen. Bei genügend Abstimmung wird das Kind schmerzliche Momente, in denen es sich nicht gehört und nicht verstanden fühlt, in einen breiteren Strom guter Erfahrungen einbinden. Schwierige Momente werden so schnell vergessen. Außerdem stehen die Eltern nicht allein. Wenn es Mama und Papa zeitweilig nicht gelingt, sich gut auf das Kind einzustellen und auf seine Gefühle und Wünsche einzugehen, gibt es immer noch Oma oder Opa, die Nachbarin, den Babysitter, die Erzieherin oder die Mama oder den Papa eines befreundeten Kindes. In einer normalen, gesunden Entwicklung machen Kinder bei unterschiedlichen Kontakten und in verschiedenen Beziehungen positive Erfahrungen, in denen sie sich gesehen, gehört und anerkannt fühlen.

Während ein Kind anfänglich andere braucht, um seine Gefühle kennenzulernen, sie anzuerkennen, auszuhalten und zu regulieren, lernt es mit der Zeit, dies eigenständig zu tun: »Ich darf fühlen, was ich fühle, und ich kann diese Gefühle nutzen, um mich selbst besser zu verstehen.« Ein Kind kann zum Beispiel die Erfahrung machen, dass sich die Eltern für seine innere Welt interessieren und es nicht schlichtweg nach seinem Verhalten beurteilt wird. Es findet mithilfe wichtiger Bezugspersonen heraus, warum es sich so schlecht gefühlt hat. Es lernt nicht, dass es besser ist, Gefühle oder Verhaltensweise aus Furcht vor negativen Konsequenzen zu unterdrücken, sondern beginnt zu verstehen, warum es sich so unwohl fühlt und was es in einem solchen Moment braucht, zum Beispiel eine Pause im Auto, wenn es müde und überreizt ist. Damit wird der Grundstein dafür gelegt, wie es mit den eigenen Emotionen und Bedürfnissen umgehen wird. Das Kind entwickelt *Basisskripte* für den Umgang mit sich selbst und anderen in Zeiten, in denen es andere braucht.

Kurz gesagt, es ist für ein Kind wichtig, zu erleben, dass die Eltern in der Lage sind, über das tatsächliche, konkrete Verhalten hinauszublicken und diesem Verhalten aufgrund dessen, was sich in der inneren Welt des Kindes abspielt, die richtige Bedeutung zu geben. Wenn ein Kind in der Regel die Erfahrung macht, dass seine Emotionen in kongruenter und markierter Weise aufgegriffen und gespiegelt werden, entwickelt es in sich selbst eine Art Raum, in dem es Emotionen betrachten, ihnen eine Bedeutung geben und diese Emotionen regulieren lernen kann.

4.5 Der Einfluss von schlechtem Spiegeln auf die Bindung

Problematisch wird es, wenn das Spiegeln generell schlecht verläuft, wenn zum Beispiel häufig unmarkiert gespiegelt wird. Das wäre zum Beispiel der Fall, wenn Christine durch Finns Weinen völlig in Panik geraten würde. Sie würde dann zwar immer noch etwas spiegeln, und das, was sie spiegelt, wäre sogar kongruent (beide sind in Panik), aber es würde keine Unterscheidung (Markierung) mehr gemacht zwischen

Finns Erfahrung und Christines Erfahrung. Finns Angst und Panik würden sich dadurch nur noch verstärken. Wenn ein Kind oft *unmarkiert* gespiegelt wird, verschwimmt die Unterscheidung zwischen seinen eigenen Emotionen und denen anderer. Denken Sie einen Moment lang an den psychisch äquivalenten Modus zurück, in dem es keine Grenze mehr zwischen meinen eigenen Gefühlen und den Gefühlen anderer gibt. Was ich fühle, ist die Wahrheit. Die Angst wird dann zur Angst im Quadrat. Das eigene Erleben lässt sich nicht mehr regulieren und seine Intensität verstärkt sich sogar. Die Gefahr ist groß, dass ein kleines Kind dann von seinen Emotionen überwältigt und noch ängstlicher wird. Seine Erfahrungen bleiben dann unbenannt, verwirrend und sind schwer auszuhalten und zu regulieren. Das Kind lernt, dass Gefühle gefährlich sind, und bekommt Angst vor seiner eigenen inneren Welt. Solche Kinder fühlen sich oft ohnmächtig und hilflos im Umgang mit ihren eigenen Emotionen: »Wenn ich erst einmal anfange zu fühlen, finde ich kein Ende mehr und brauche andere, um nicht völlig aus der Fassung zu geraten.« Diese Kinder haben wenig Selbstvertrauen und fühlen sich sehr abhängig von anderen, auch wenn sich diese Abhängigkeit beängstigend anfühlt, denn ihre Emotionen können auch andere aus dem Konzept bringen.

Wenn ein Kind oft *inkongruent* gespiegelt wird, lernt es, dass ein Teil seiner emotionalen Erfahrungen »nicht sein darf«. Eltern spiegeln etwa Angst oder Traurigkeit nicht als solche, sondern sagen: »Stell dich nicht so an, du bist jetzt ein großer Junge, wegen solcher Dinge musst du nicht mehr weinen.« Vielfach inkongruentes Spiegeln kann dazu führen, dass ein Kind von einem Teil seiner Gefühlswelt entfremdet wird. Zwischen dem Erlebten und dem Gespiegelten gibt es keine Fühlung mehr, beides passt nicht zusammen. Erinnern wir uns noch einmal an den Als-ob-Modus, den wir in Kapitel 3 besprochen haben: die Entfremdung von den eigenen Emotionen. Die inkongruente Spiegelung hat darüber hinaus auch Auswirkungen auf das Selbstbild. Das Kind lernt, dass Teile seiner selbst nicht sein dürfen: »Wenn ich weine, stelle ich mich an. Ich bin eine Heulsuse, ein schwieriges Kind.« Diese Kinder lernen oft, ihre Emotionen zu verdrängen. Sie haben gelernt, dass es günstiger ist, sich nicht auf andere zu stützen, wenn sie sich ängstlich oder traurig fühlen, denn dann sind sie schwach.

4.6 Die Bedeutung elterlichen Mentalisierens

Für die Entwicklung eines Kindes ist es wichtig, sich mentalisiert zu fühlen. Das sorgt in den wichtigen Beziehungen, die es knüpft, für Sicherheit. Das hilft dem Kind zu lernen, über seine eigenen Emotionen nachzudenken und mit ihnen in Kontakt zu treten. Es hilft ihm, das Vertrauen zu gewinnen, um seine eigene innere Welt in den Griff zu bekommen und auf diesem Weg auch sein eigenes Verhalten regulieren zu können. Dazu braucht ein Kind Eltern, die es spiegeln. Das erfordert Eltern, die ihr Kind mentalisieren können. Das ist jedoch nicht immer ohne Weiteres gegeben.

Marleen

Marleen ist fünf Jahre alt. Heute war sie mit ihren Eltern in einem Vergnügungspark. Es war ein wunderschöner Tag, und Marleen durfte alles machen, was sie wollte. Auf dem Rückweg kamen sie an einem Supermarkt vorbei, in dem Mama und Papa noch einkaufen wollten. Marleen war damit nicht einverstanden und wollte nicht mitgehen. Sie warf sich auf den Boden und fing an, laut zu schreien und zu schimpfen. Tränen kullerten über ihre Wangen.

Marleens Verhalten lässt sich auf unterschiedliche Weise interpretieren. Wenn Marleens Eltern müde oder gestresst sind, sind sie in dieser Situation vielleicht nicht in der Lage, gut zu mentalisieren. Sie könnten dann denken: »Verwöhntes Kind! Den ganzen Nachmittag hat sich alles nur um dich gedreht und wir haben alles getan, was du wolltest, und jetzt kannst du dich nicht mal bemühen, dich dem anzupassen, was wir wollen. Ist es wirklich so schwer, sich eine halbe Stunde lang zu benehmen?« Papa wird vielleicht sauer und klemmt sich Marleen unter den Arm, die selbst immer wütender wird und heftig mit ihren kleinen Armen und Beinen strampelt. Marleens Eltern betrachten Marleens Verhalten sehr konkret (»Marleen ist ein verwöhntes Kind«) und befassen sich nicht mit den Erlebnissen oder der Bedeutung, die ihrem »verwöhnten« Verhalten zugrunde liegen. Die Reaktion ihrer Eltern kann dazu führen, dass sich Marleen abgelehnt fühlt. Wenn Marleen im Kontakt mit ihren Eltern oft solche Erfahrungen macht, beginnt sie vielleicht das Bild eines schwierigen und verwöhntes Kindes, das ihre Eltern von ihr haben, auch in sich selbst aufzunehmen.

Gelänge es Marleens Eltern, über das sichtbare Verhalten hinauszublicken und sich mit den Erfahrungen zu befassen, die ihrem Verhalten zugrunde liegen, könnte die anschließende Interaktion ganz anders verlaufen. Effektives Mentalisieren sorgt dafür, dass die Eltern beispielsweise erkennen, dass Marleen nach einem langen Tag im Vergnügungspark von all den Eindrücken ermüdet ist. Sie verstehen, dass ein Besuch im Supermarkt, selbst wenn er wirklich notwendig ist, in dem Moment vielleicht zu viel für sie ist. Vielleicht bittet Mama Papa dann, mit Marleen im Auto zu warten, während sie schnell die Besorgungen macht. Papa erkennt womöglich, dass er die Situation nur noch schlimmer macht, wenn er wütend wird, und wie wichtig es ist, ruhig zu bleiben. Er spürt, dass er in dieser Situation auch angespannt ist und ihm die Blicke der Vorübergehenden peinlich sind. Sowohl Mama als auch Papa versuchen, sich in Marleens Gefühle einzufühlen, und denken über die Bedeutung von Marleens Verhaltens nach. Sie stellen sich auf das zugrunde liegende Bedürfnis ihrer Tochter ein und helfen ihr so, sich selbst besser zu regulieren.

Dieses Beispiel macht aber auch deutlich, dass es Eltern oft nur dann gelingt, so angemessen zu reagieren, wenn sie sich zunächst ausreichend selbst mentalisieren. Wenn der Vater sich seine Scham und Wut darüber, dass sich Marleen strampelnd auf den Boden wirft, bewusst machen kann, hilft ihm das, gut auf die Situation zu reagieren. So kann er sich einerseits klarmachen, dass es nicht zur Beruhigung von Marleen beiträgt, wenn er seine Wut und Scham an ihr abreagiert. Und andererseits verschafft er sich damit auch einen größeren geistigen Freiraum, um weiter über Marleen und ihre Bedürfnisse nachzudenken. Wenn ein Elternteil seine eigenen Emotionen nicht mehr gut mentalisieren kann, wird es wahrscheinlicher, dass er auch die Emotionen des Kindes nicht mehr gut spiegeln kann. Die Eltern verfallen dann schnell in inkongruentes Spiegeln (»Sei nicht so frech, du verwöhntes Kind!«), vielleicht weil sie ihre eigene, vom Verhalten des Kindes hervorgerufene Anspannung nicht angemessen regulieren können.

Manchmal wird behauptet, dass Eltern, die selbst in der Kindheit traumatisiert waren, diese Traumatisierung an ihre Kinder weitergeben. Die Forschung zeigt jedoch, dass dies keineswegs immer so sein muss. Wichtig ist allerdings, dass Eltern in schwierigen Situationen, etwa wenn ihr Kind sehr angespannt ist, sich weiterhin selbst gut mentalisieren. Hat ein Elternteil im Laufe seines Lebens intensive negative Erfahrungen gemacht, können intensive negative Emotionen möglicherweise für ihn selbst gefährlich sein. Dadurch büßt er seine Mentalisierungsfähigkeit schneller ein, wenn sich das Kind sehr aufregt. Doch das muss nicht so sein. Vieles hängt davon ab, ob die Eltern mit ihrer eigenen Geschichte, die vielleicht auch überaus schmerzliche Erlebnisse enthält, im Reinen sind und sie diese selbst mentalisieren können.

Gibt es Gefühle, die Sie nur schwer zulassen können? Über die Sie ein Werturteil fällen? Gibt es Bedürfnisse oder Sehnsüchte, die Sie lieber nicht wahrhaben wollen? Dürfen alle Ihre Gefühle und Bedürfnisse existent sein?

Jeder hat also seine eigene Bindungsgeschichte. Wir alle haben unsere eigenen Erfahrungen aus unseren frühen Beziehungen, die in unseren späteren Beziehungen verstärkt oder korrigiert werden. Diese Bindungsgeschichte ist mit prägend dafür, ob Eltern einen Blick für die mentalen Zustände ihres Kindes haben und ob sie in »schwierigen« Situationen weiterhin sich selbst mentalisieren können. Je besser Eltern in der Lage sind, darüber nachzudenken, was das Kind denkt, fühlt und sich wünscht, desto besser können sie auf sein Verhalten reagieren – selbst wenn dieses Verhalten als störend empfunden wird. Sie überlegen, was das Verhalten ihres Kindes bedeutet, machen sich ein Bild von seiner inneren Welt, die sich hinter diesem Verhalten verbirgt, und können daher besser auf die Bedürfnisse und Wünsche des Kindes eingehen.

Bevor wir dieses Kapitel beenden, möchten wir drei Dinge klarstellen. Erstens: *Gut zu spiegeln bedeutet nicht, dass Eltern dem Verhalten ihres Kindes keine Grenzen setzen dürfen.* Natürlich dürfen Marleens Eltern unangemessenem Verhalten einen Riegel vorschieben. Es ist jedoch wichtig, dass es nicht nur dabei bleibt: »Du musst jetzt aufhören zu schreien und zu weinen. Mir ist klar, dass du müde bist und dass das alles ein bisschen viel für dich ist. Wir kaufen jetzt noch schnell ein, dann fahren wir zusammen nach Hause und im Auto kannst du dich dann ausruhen.« Zweitens: *Das Spiegeln muss Eltern nicht immer gelingen.* Wichtiger ist, dass sie nicht nachlassen, die richtige Abstimmung zu suchen und darin flexibel sind. Was erfordert, dass Eltern für andere Interpretationen offen sind, anerkennen, dass ihr erster Gedanke vielleicht nicht ganz richtig war, und neugierig bleiben. Das fällt manchen Eltern leichter als anderen. Eine Frau, die im Hinblick auf sich selbst vielleicht schon unsicher ist, wird vielleicht auch als Mutter sehr unsicher, wenn sie merkt, dass sie ihr Kind nicht schnell beruhigen kann. Ein Mann, der sich schnell abgelehnt fühlt, hat dieses Gefühl vielleicht auch, wenn sein Sohn vor allem an seiner Mutter hängt und ihn zurückweist. Vor allem für Eltern, die selbst unangenehme Bindungserfahrungen gemacht haben, kann es schwer erträglich sein, wenn sich dieses Szenario in der Beziehung zu ihrem eigenen Kind wiederholt. Eine Situation, in der sich ihr Kind ungezogen verhält, kann diese Eltern dann so aus der Fassung bringen, dass ihre eigene Fähigkeit, sich in Kontakt zu ihrem Kind selbst zu mentalisieren, davon beeinträchtigt wird. Dadurch wird auch das Mentalisieren der Innenwelt des Kindes erschwert, was dazu führen kann, dass sie inkongruent und unmarkiert spiegeln. Drittens: *Es gibt keine maßgeschneiderte eintrainierbare Fähigkeit, die es Eltern ermöglichen würde, sich gut auf ihr Kind abzustimmen.* Während Konsequenz bei den Schlafenszeiten auf manche Kinder beruhigend wirkt, kann sie bei anderen die Anspannung erhöhen. Und während manche Kinder gerne auf den Schoß genommen werden, wenn sie weinen, möchten andere lieber in Ruhe gelassen werden. Die Kunst der Erziehung besteht darin, sich auf die einzigartigen Bedürfnisse jedes einzelnen Kindes immer wieder neu einzustellen. Das Mentalisieren ist ein sensibler Kompass, der Eltern bei dieser Suche zur Verfügung steht, doch für einige Eltern ist es – auch aufgrund ihrer eigenen Bindungsgeschichte – schwierig, den rechten Kurs zu halten. Ein tröstlicher Gedanke kann dabei sein, dass es keinem Elternteil je gelingt, immer richtig zu liegen. Und das ist auch gar nicht schlimm: Werden Kinder in der Regel kongruent und markiert gespiegelt, entwickeln sie die sichere Bindung, die sie brauchen, um sich zu resilienten erwachsenen Individuen zu entwickeln.

4.7 Zusammenfassung

Eltern, die das, was sie vom inneren Erleben ihres Kindes wahrnehmen, kongruent und markiert spiegeln, lehren ihre Kinder mit der Zeit, sich selbst zu regulieren, und zwar nicht nur dadurch, dass sie ihr Verhalten steuern, sondern vor allem dadurch, dass sie die Emotionen, Absichten und Erwartungen, die ihrem Verhalten zugrunde liegen, besser verstehen. Das Kind macht die Erfahrung, dass es sicher ist, seine eigene innere Welt zu erkunden. Fühlt sich das Kind in der Beziehung zu seinen Eltern oder Bezugspersonen sicher, entwickelt es auch Vertrauen, vor allem ein Vertrauen darauf, dass andere verstehen können, was es braucht. So lernt das Kind nach und nach mehr über die soziale Welt, die es umgibt, und entwickelt ein Bild von sich und anderen als Anteilnehmende und Vertrauenswürdige. Die Eltern vermitteln ihrem Kind auch die Botschaft, dass es »jemand« ist, ein »Ich«, das etwas will, denkt, fühlt und begehrt. So entwickelt das Kind Individualität. Mit der Erfahrung der Sicherheit wächst auch das Vertrauen des Kindes in sich selbst: Es gewinnt immer mehr Mut, seinem Fühlen, Denken und seinen Interpretationen der Welt, die es umgibt, zu vertrauen. All diese Erfahrungen tragen zur Entwicklung einer sicheren Bindung und in der Folge zur eigenen Mentalisierungsfähigkeit des Kindes bei.

Im nächsten Kapitel werden wir uns näher mit Situationen befassen, in denen es den Eltern aus unterschiedlichen Gründen nicht mehr gelingt, gut zu mentalisieren.

KAPITEL 5

Unsichere Bindung

Die Bindungsentwicklung eines Kindes kann stark davon beeinflusst werden, dass seine Eltern verletzlich sind oder sich in komplexen Lebensumständen befinden. Denken Sie nur etwa an Eltern, die depressiv und daher kaum responsiv sind. Oder an Eltern, die in Armut leben, die selbst unter Traumata oder Verlusterfahrungen leiden oder deren eigene Bezugspersonen nur unzureichend mentalisiert haben, sodass sie nur wenig Kontakt zu ihrer eigenen Innenwelt und der Innenwelt anderer haben. Solche Eltern können der inneren Welt ihres Kindes vorübergehend oder dauerhaft nur wenig Aufmerksamkeit schenken, sie ziehen vielleicht voreilige Schlüsse (bleiben nicht neugierig) oder lassen sich zu sehr davon beindrucken oder verwirren, dass ihr Kind hin und wieder die Fassung verliert. Manchmal erschweren auch Veranlagungen oder (medizinische) Probleme von Kindern das Mentalisieren: Etwa bei Kindern, die ständig sehr angespannt und unruhig sind oder viel weinen. Solche Kinder können selbst für Eltern, die hervorragend mentalisieren, eine Herausforderung darstellen.

> Erinnern Sie sich als Eltern an Momente oder Zeiten, in denen es eine Zeit lang »überhaupt nicht lief«? Vielleicht waren Sie müde oder hatten andere Dinge zu tun, sodass Sie sich nicht genügend auf Ihr Kind abstimmen konnten?

Vielerlei Umstände können dazu führen, dass Kinder nicht die Erfahrung machen, selbstverständlich auf Bezugspersonen vertrauen zu können, die ihnen dabei helfen, ihre inneren Erfahrungen, Gedanken und Gefühle kennenzulernen und zu händeln. Das Kind erlebt Unsicherheit in Beziehungen und wird versuchen, einen eigenen Weg zu finden, mit dieser Unsicherheit umzugehen. Es entwickelt andere Arbeitsmodelle über sich selbst und die Verfügbarkeit anderer als seine Altersgenossen mit sicheren Bindungen. In diesem Kapitel befassen wir uns mit den drei unsicheren Bindungsstilen, die dazu führen können, dass Kindern ein sicherer Hafen fehlt: mit der ängstlich-ambivalenten, der vermeidenden und der desorganisierten Bindung.

5.1 Ängstlich-ambivalente Bindung

Wenn Kinder nicht den Mut haben, darauf zu vertrauen, dass ihre Bezugspersonen für sie da sein werden, oder wenn sie wenig Vertrauen in sich selbst haben, beginnen sie vielleicht zu klammern. Ein Beispiel kann dies verdeutlichen:

Sibel und Trixie

Sibel war etwas später als üblich Mutter geworden. Sie fürchtete immer, für ihr Kind nicht gut genug zu sein. Sie selbst hatte keine besonders schöne Kindheit und wollte es nun gerne besser machen als ihre eigene Mutter. Als ihre Tochter Trixie geboren wurde, war sie sehr verunsichert. Wenn Trixie zu lange weinte und sie sie nicht trösten konnte, war sie ganz verzweifelt. Sobald Trixie auch nur das kleinste Wimmern von sich gab, stand Sibel schon an ihrer Wiege. Ihr Partner riet ihr oft, es entspannter anzugehen.

Als Trixie in die Schule kam, war es auch sehr schwierig. Sie weinte viel und lange, und Sibel musste so lange bei ihr bleiben, bis die Lehrerin sich ihr widmete. Sibel fand das schrecklich. Wenn sie ihre Tochter wieder von der Schule abholte, war Trixie manchmal sehr wütend, und manchmal schlug Trixie Sibel sogar.

Wenn Sibel sich mit Freunden trifft, die auch Kinder haben, fällt ihr auf, dass Trixie oft die ganze Zeit auf ihrem Schoß sitzt und nicht mit den anderen Kindern spielen möchte. Insgeheim gefällt Sibel das auch. Irgendwie ist es schön, sich gebraucht zu fühlen. Gleichzeitig ist ihr aber auch bewusst, dass es besser wäre, wenn Trixie ein bisschen mehr ihren eigenen Weg gehen würde.

Zwischen Sibel und Trixie besteht ein anderes Interaktionsmuster als zwischen Christine und Finn (siehe Kapitel 4). Trixie kann nicht wirklich auf eigenen Beinen stehen. Sie braucht immer eine Bezugsperson, die Mutter oder die Lehrerin. Sie hängt sich oft an ihre Mutter und erkundet die Welt kaum einmal selbstständig. Dazu fehlt ihr das Selbstvertrauen. Trixie ist ängstlich und abhängig von anderen. Zwischen Sibel und Trixie bestehen eigentlich zu wenig Grenzen. Trixie braucht Sibel, und vielleicht gilt auch das Umgekehrte. Wenn sich Trixie aufregt, bringt sie damit auch Sibel aus dem Konzept.

Vielleicht mentalisiert Sibel sich selbst nicht genug, wenn sich Trixie aufregt: Sie kann sich selbst nicht gut regulieren, wird ebenfalls ängstlich und panisch und ist dann nicht mehr in der Lage, Trixies Erleben markiert zu spiegeln. Trixies Emotionen werden dadurch nicht genug mentalisiert. Es ist »beunruhigend«, Angst zu haben. Wenn Trixie Angst hat, etwa wenn sie in die Schule gehen und dort eine neue Situation meistern muss, zeigt sie ein starkes Bindungsverhalten, um zu erreichen, dass ihre Mutter oder ihre Lehrerin in ihrer Nähe bleiben. Sie ist *zu stark* gebunden und in aufregenden Situationen ist ihre Bindung, als *einzige Möglichkeit,* ihre Anspannung zu regulieren, übermäßig aktiviert. Gleichzeitig ist die Beziehung zwischen Trixie und Sibel »ambivalent«: Trixie hat zu viel Angst, allein zu sein, und braucht Sibel, doch wenn Sibel zu präsent und fürsorglich ist, verhält sich Sibel auch erdrückend, und dann weist Trixie sie wieder zurück. Sie will schließlich auch allein zurechtkommen. Ist Sibel jedoch zu weit weg, wird Trixie zu ängstlich und ruft Sibel wieder zu sich. Wir nennen dieses Muster der unsicheren Bindung daher »ängstlich-ambivalent«.

Dieses Bindungsmuster prägt oft auch die späteren Beziehungen eines Menschen. Menschen mit diesem Bindungsstil sind gewöhnlich ängstlicher und abhängiger von anderen. Ihnen fehlt es an Selbstvertrauen, und sie stützen sich daher stark auf Bindungspersonen wie Eltern und Partner:innen. Sie sind oft anfällig für einen Rückfall in den psychischen Äquivalenzmodus: Ihre Gefühle sind gefährlich, werden schnell intensiv und zu »real«. Sie haben zu wenig Abgrenzung zwischen ihrer eigenen Innenwelt und der Außenwelt erfahren. In Situationen, in denen sie als Erwachsene angespannt oder gestresst sind, zeigen sie oft ein ausgeprägtes Bindungsverhalten.

5.2 Vermeidende Bindung

Ängstlich-ambivalente Kinder klammern sich sehr stark an ihre Bindungspersonen. Es gibt aber auch Kinder, die sich besonders wenig an ihre Bindungspersonen zu hängen scheinen. Sie wirken so, als gingen sie ihren eigenen Weg und brauchten niemanden. Dieser Bindungsstil, den wir als »vermeidend« bezeichnen, ist eine weitere Art, mit empfundener Unsicherheit in Bindungsbeziehungen umzugehen.

Emily und Marco

Emily hat einen anstrengenden Job. Sie selbst kommt aus einer Familie tatkräftiger Macher. In der galt: Verhalte dich normal, das ist schon verrückt genug. Sie weiß, dass sie nicht sehr gut mit Emotionen umgehen kann. Damit kann sie selbst nicht viel anfangen. Sie denkt, Probleme sind dazu da, gelöst zu werden. Sie hat einen kleinen Sohn, Marco, der diese Einstellung von ihr übernommen zu haben scheint. Er geht seiner eigenen Wege und kann sich oft gut allein beschäftigen. Auch mit dem ersten Tag in der Vorschule hatte Marco anscheinend wenig Probleme. Er betrat einfach die Vorschule, ging in die Ecke mit den Autos und begann zu spielen. Als Emily kam, um ihn abzuholen, blickte er kaum auf. Ihm schien es dort zu gefallen. Emily wusste nicht recht, ob sie stolz sein sollte oder nicht. Sie hatte auch das Gefühl, dass er sie nicht so sehr brauchte.

Emily und Marco haben eine ganz andere Beziehung. Während der Kontakt zwischen Sibel und Trixie zu eng und intensiv war, ist der Kontakt zwischen Emily und Marco zu distanziert und fast schon unpersönlich. Marco fordert kaum Unterstützung ein, und schon gar nicht, wenn er in emotionaler Not ist. Vielleicht hat er gelernt, dass er bei Emily in solchen Fällen kein Gehör findet: nicht jammern, einfach weitermachen. Er meidet Nähe und intensiven Kontakt. Während die Bindung zu Trixie zu fein justiert ist und immer wieder von Neuem aktiviert wird, schaltet Marco bei Stress das Bindungsverhalten – das sonst natürlicherweise vorhanden ist – einfach ab. Bedeutet das, dass Marco tatsächlich so ruhig ist, wie er wirkt? Nein, aus der Forschung wissen wir, dass die körperliche Anspannung bei diesen Kindern genauso hoch ist. Sie »empfinden« sie nur nicht. Sie haben keinen Zugang zu diesen körperlichen Empfindungen.

Marco wurde vielleicht zu selten kongruent gespiegelt. Wenn er ängstlich oder traurig war, hat er womöglich oft die Erfahrung gemacht, dass ihm gespiegelt wurde: »Kümmere dich nicht darum, mach einfach weiter!« Deshalb hat er wenig Kontakt zu diesen Emotionen der Traurigkeit und Angst – er mentalisiert sie nicht gut. Marco denkt vielleicht: Wenn ich mich so schwach und verletzlich fühle, bin ich ein Weichei. Möglicherweise bleibt er auch als Erwachsener vermeidend. Vielleicht hat er ein geringeres Bedürfnis nach intensiven, emotional engen Beziehungen. Er ist emotional distanziert und wird häufiger in den Als-ob-Modus zurückfallen. Er hat die Erfahrung gemacht, dass er sich bei der Lösung von Problemen hauptsächlich auf sich selbst verlassen muss, und vertraut wenig darauf, dass andere ihm dabei helfen. Auch als Erwachsener wird Marco nur zögerlich um Hilfe bitten. Im Leben muss man es schließlich selbst schaffen. Marco nahe zu kommen, ist nicht einfach.

> Wir haben die Fälle von Trixie und Marco etwas stereotyp dargestellt, um sie wiedererkennbar zu machen. In Wirklichkeit neigt jeder irgendwo dazu, auf einen dieser Stile zurückzufallen, auch wenn man im Grunde genommen sichere Bindungen hat. In welchem der beiden Stile erkennen Sie sich am ehesten wieder? Welches Bedürfnis haben Sie, wenn Sie unter Druck stehen? Wie wirkt sich das auf Ihre Beziehungen aus?

5.3 Desorganisierte Bindung

Trixie und Marco haben eine klare Strategie, wie sie damit umgehen, wenn sie angespannt sind: Trixie kuschelt sich an ihre Mutter, Marco geht seinen eigenen Weg. Ihr Verhalten ist organisiert und folgt einem klaren Drehbuch. Bei manchen Kindern ist das anders. Sie haben keine klare Strategie. Deshalb sprechen wir in diesen Fällen von »desorganisierter Bindung«.

Julia und Sophie

Julia hatte eine traumatische Kindheit. Sie wurde emotional vernachlässigt und sexuell missbraucht. Sie hat eine Beziehung zu einem Mann, der selbst viele psychische Probleme hat. Julia wollte gerne ein Kind, um damit ein neues Leben beginnen zu können. Sie hoffte, die Geburt von Sophie würde auch ihren Partner ruhiger und glücklicher machen. Damit lag sie völlig falsch. Die Geburt war für sie völlig überwältigend. Ihr kam es so vor, als wären in ihrem Kopf alle verschlossenen Schubladen mit einem Ruck aufgerissen worden. Wenn Sophie weint, erinnert das Julia an die schmerzvolle Einsamkeit in ihrer eigenen Kindheit. Wenn sie Sophie versorgen muss, evoziert der Anblick ihrer nackten kleinen Tochter die Angst während ihres Missbrauchs.

Julia versucht sich mit aller Kraft zusammenzureißen. Oft ist sie geistig abwesend. Sie versucht dann, nichts zu denken und nichts zu fühlen. Doch manchmal gelingt ihr das nicht. Dann schmerzt sie Sophies Weinen, Wimmern oder Jammern im Kopf und im Magen. Manchmal gibt sie ihr dann einen Klaps, damit sie aufhört. Und deswegen fühlt sie sich dann wieder schuldig. Sophie ist eindeutig verwirrt. Sie braucht ihre Mutter manchmal, doch gleichzeitig weiß sie nicht, wie sie reagieren wird, wenn sie sie ruft. Am ersten Schultag schlurft sie in die Klasse, sie sieht Julia an, sie will zu ihr gehen, bleibt aber dann doch stehen. Sophie scheint zu erstarren, sie weiß nicht, ob sie ins Klassenzimmer gehen oder bei Mama bleiben soll, was sie letztlich daran hindert, irgendetwas zu unternehmen. Sie ist verwirrt und wie gelähmt.

Sophie hat keine Strategie, um mit Ängsten oder Spannungen, wie sie beispielsweise am ersten Schultag aufkommen, umzugehen. Sie will zu Julia gehen, erstarrt aber, wenn sie das tun will. Warum erstarrt sie? Vielleicht weil sie gelernt hat, dass Julias Reaktion sehr unberechenbar ist. Mama ist manchmal für sie da, doch ebenso gut kann sie auch anders oder gar nicht reagieren. Manchmal schenkt sie Sophie Liebe, ein anderes Mal gibt sie ihr einen Klaps oder ignoriert sie.

Desorganisiert verbunden zu sein, bedeutet, dass es im Bindungsverhalten kein klares Muster gibt. Kinder mit diesem Bindungsverhalten sehnen sich nach Fürsorge und Geborgenheit, können die Fürsorge aber gleichzeitig nicht ertragen, sodass sie manchmal sehr liebevoll reagieren und ein anderes Mal wütend werden, wenn die Bindungsperson etwas Nettes sagt oder tut. Oft haben diese Kinder in den Beziehungen zu ihren Bezugspersonen traumatische Erfahrungen gemacht: Um Trost und Halt zu finden, sind sie auf Bezugspersonen angewiesen, die ihnen zu anderen Zeiten etwas Böses antun. Sie erleben viel Unberechenbarkeit und sind in ihrer Unsicherheit gefangen, sodass sie in Angst- und Stresssituationen keine Strategie haben, die ihnen hilfreich wäre.

Ein desorganisierter Bindungsstil entsteht oft, weil die Bindungsperson ein abruptes, unvorhersehbares Verhalten an den Tag legt. Die normale Interaktion wird durchbrochen: Der Vater wird plötzlich sehr wütend, die Mutter fängt ohne ersichtlichen Grund an zu schreien. Das deutet bei Eltern oft auf ein schwerwiegendes Unvermögen hin, sich selbst zu mentalisieren. Julia zeigt dieses unvorhersehbare Verhalten, wenn sie Sophie wickelt. Wenn Sophie dieses Verhalten häufiger erlebt, werden die Bezugspersonen für sie zu etwas sehr Unsicherem.

Was lernt Sophie über sich und andere? Sophie lernt nicht, dass sie auf sich selbst vertrauen kann. Ebenso wenig lernt sie, dass sie anderen vertrauen kann. Das kann sich auf ihre späteren Beziehungen in der Weise übertragen, dass sie selbst ein unvorhersehbares Verhalten zeigt, beispielsweise ein aus Anziehung und Zurückweisung bestehendes Muster. Aus der Forschung wissen wir, dass Kinder mit desorganisierten Bindungsmustern sehr anfällig für die Entwicklung gravierender psychischer Probleme sind.

Die unterschiedlichen Bindungsstile in Stresssituationen

Bindungsstil	Was tut das Kind bei Stress?
Sichere Bindung	Es sucht die Nähe der Bindungsperson, geht aber, wenn es sich sicher fühlt, auch eigenständig auf Erkundungstour
Ängstlich-ambivalente Bindung	Es hängt sich an (auch fremde) Bezugspersonen, erkundet zu wenig selbst
Vermeiden von Bindung	Es zieht sich in sich selbst zurück, macht sich allein auf den Weg
Desorganisierte Bindung	Es weiß nicht mehr ein noch aus, hat oft widersprüchliche Bedürfnisse; ist verwirrt ...

Außerdem wissen wir aus der Forschung, dass sich Bindungsstile im Laufe des Lebens verändern können. Zweifellos stellen die Erfahrungen, die wir in den Beziehungen zu unseren primären Bezugspersonen machen, eine wichtige Grundlage dar, aber in unserem Umfeld gibt es noch andere Menschen: Großeltern, Erzieher:innen und Lehrer:innen. Außerdem machen wir im Laufe unseres Lebens eine ganze Reihe anderer Kontakte. Neue Erfahrungen können bestehende Bindungsstile verändern. Menschen entwickeln sich im Laufe ihres Lebens weiter.

5.4 Zusammenfassung

In diesem Kapitel haben wir die drei Hauptformen unsicherer Bindungen besprochen: die ängstlich-ambivalente, die vermeidende und die desorganisierte Bindung. Wir haben die charakteristischen Erfahrungen beschrieben, die diese Kinder machen, die Strategien, die sie in angespannten oder stressigen Situationen anwenden, und deren Auswirkungen auf das Vertrauen, das sie in sich selbst und andere entwickeln. Eine solche Darstellung lässt die Realität ein wenig geordneter und einfacher erscheinen, als sie ist. In Wirklichkeit sind diese drei Kategorien nicht so klar voneinander abzugrenzen. Auch die Abgrenzung zur sicheren Bindung ist nicht immer so deutlich. Außerdem kann die Bindung eines Kindes zu einer Bezugsperson sicherer sein als zu einer anderen. Wir sollten auch nicht vergessen, dass sich ein Bindungsstil im Laufe des Lebens verändern kann.

In den ersten Kapiteln haben wir beschrieben, was Mentalisieren ist und wie es sich entwickelt, und das Mentalisieren dann zur Bindung in Beziehung gesetzt. Im nächsten Kapitel gehen wir näher auf die wichtige Rolle ein, die das Mentalisieren für unser Vermögen spielt, etwas von anderen zu lernen.

KAPITEL 6

Epistemisches Vertrauen

In den vorangegangenen Kapiteln haben wir die Beziehung zwischen Mentalisieren und Bindung erörtert. In diesem Kapitel fügen wir ein drittes Element hinzu: das Lernen von anderen. Oder besser gesagt, das epistemische Vertrauen, das Vertrauen in andere, welches Voraussetzung ist, um Wissen von anderen anzunehmen. Zusammen mit den ersten beiden Konzepten bildet das epistemische Vertrauen ein Dreieck der gegenseitigen Abhängigkeit. Wie das Lernen von anderen mit den beiden anderen Konzepten zusammenhängt, werden wir in diesem Kapitel näher erläutern.

Es ist fast unvorstellbar, was ein Kind alles lernen muss, um in der modernen Gesellschaft zurechtzukommen. Mit Messer und Gabel essen, aus einem Glas trinken, sich anziehen, die Schnürsenkel binden, laufen, sprechen, Fahrrad fahren, auf andere Rücksicht nehmen, miteinander spielen und lesen ... Stellen Sie sich nur vor, es müsste das alles eigenständig lernen ... Es müsste selbst herausfinden, wozu ein Löffel dient oder wie man die Schnürsenkel bindet. Ganz zu schweigen davon, wer es ist und was es gut kann. Zum Glück gibt es eine viel effizientere Art zu lernen: das Lernen von *anderen*. Kinder lernen sehr viel von ihren Eltern. Von ihnen erlernen sie praktische Fertigkeiten wie den Umgang mit Löffeln und das Binden von Schnürsenkeln, sie lernen aber auch etwas über sich selbst und andere. Sie lernen von ihren Eltern, wer sie selbst sind, indem sie sich selbst mit den Augen ihrer Eltern sehen, und sie erfahren, wie andere Menschen normalerweise mit ihnen umgehen. Das weitaus meiste Wissen erlangen wir von anderen: Wir sprechen daher von *sozialem Lernen*. Immerwährendes Lernen ist wichtig, um unsere Kenntnisse und unser Wissen über uns und die Welt im Laufe des Lebens weiter zu verfeinern und zu verändern. Das alles klingt selbstverständlich und oft ist uns nicht bewusst, dass das Lernen von anderen in Wirklichkeit eine ziemlich komplexe Sache ist.

Leonie und Jörn

Jörn ist dreizehn Jahre alt. Er geht seit einem Jahr auf eine weiterführende Schule. Seine Eltern bemerken, dass sie ihn immer weniger im Griff haben. Manchmal erwischen sie ihn beim Lügen. Heute kommt er mit einer Tüte voller Süßigkeiten nach Hause. Seine Mutter Leonie fragt ihn, woher er sie hat, und Jörn sagt, er habe sie geschenkt bekommen. Leonie glaubt ihm nicht und liest ihm die Leviten. Er solle nach der Schule direkt nach Hause kommen und nicht irgendwo herumlungern. Und Süßigkeiten soll er schon gar nicht kaufen. Jörn sagt, dass alle seine Freunde das tun. Leonie sagt ihm, dass ihr das egal ist. Er soll nach Hause kommen. Eine Woche später ertappt sie ihn wieder mit Süßigkeiten. Ihre Moralpredigt hat offenbar nicht gefruchtet.

Angenommen, Menschen würden bedingungslos von anderen lernen, dann würde sich Jörn sofort von Leonie korrigieren lassen. Wir wissen, dass es so nicht funktioniert. Genauso wie es nicht immer hilft, einer Freundin zu sagen, dass sie gut aussieht, obwohl sie sich selbst für zu dick hält. Im Gegenteil, Menschen mit einem negativen/geringen Selbstwertgefühl nehmen Komplimente oft nicht an: »Das sagst du nur, weil du meine Freundin bist. Wenn du wirklich ehrlich wärst, würdest du etwas anderes sagen.« Mit anderen Worten: Lernen ist nichts, was von selbst und selbstverständlich passiert.

So ist es auch bei Jörn. Er ist in einem Alter, in dem der Druck, sozial dazuzugehören und sich der Gruppe anzuschließen, zunimmt. Vielleicht hat er noch zu wenig »Ich« oder Individualität entwickelt, um sich von der Gruppe ausreichend abgrenzen zu können. Vor allem, wenn Jörn ein etwas unsicherer Junge mit wenig Selbstvertrauen ist, steigt die Wahrscheinlichkeit, dass er sich von der Norm der Gruppe, zu der er gehören möchte, zu sehr abhängig macht. Im Beispiel wird vor allem betont, dass die Predigt der Mutter ihn nicht erreicht. Sie bewirkt keine Verhaltensveränderung und scheint Jörn zu wenig dabei zu helfen, sich von der Gruppe seiner Freunde abzugrenzen. Das mag nun noch harmlos wirken, doch das wäre anders, wenn sich seine Gruppe nach der Schule zerstörungswütig oder aggressiv verhalten würde. Deshalb ist es wichtig, dass Jörns Mutter weiß, wie sie ihn erreichen kann, damit sie ihn über die Gefahren in der Welt aufklären kann.

Kennen Sie das? Haben Sie schon einmal die Erfahrung gemacht, dass andere (Ihr Partner/Ihre Partnerin, Ihre Kundin, Ihr Kind, Ihr Schüler, Ihre Kollegin) etwas von Ihnen nicht einfach so annehmen will, obwohl Sie aufrichtig davon überzeugt sind, dass es besser für sie oder ihn wäre? Dass andere Ihren Rat ignorieren, egal wie gut Sie es meinen? Haben Sie eine Ahnung, warum?

6.1 Epistemisches Vetrauen

Um überhaupt etwas von einem anderen lernen zu können, müssen eine Reihe von Bedingungen erfüllt sein. In diesem Kapitel geht es um eine dieser Bedingungen: *das epistemische Vertrauen*. Dieses Vertrauen liegt der Bereitschaft zugrunde, Wissen von anderen anzunehmen. Es ist also das Vertrauen in den anderen als Person, die uns etwas Sinnvolles zu lehren hat.

Epistemisches Vertrauen ruht auf zwei Säulen. Erstens muss man sich darauf verlassen können, dass die andere Person über *zuverlässiges* Wissen verfügt. Sie können dem Besitzer oder der Besitzerin einer Autowerkstatt vertrauen, wenn Sie das Gefühl haben, dass er oder sie sich gut mit Autos auskennt. Sie können Ihrem Therapeuten oder Ihrer Therapeutin vertrauen, wenn Sie das Gefühl haben, dass er oder sie viel über die Beschwerden weiß, mit denen Sie zu kämpfen haben. Und Ihrem Lehrer oder Ihrer Lehrerin vertrauen Sie, wenn Sie den Eindruck haben, dass er oder sie sich auf dem jeweiligen Gebiet gut auskennt.

Aber das reicht vielleicht nicht aus. Eine zweite Bedingung ist die, dass Sie das Gefühl haben, dass dieses Wissen für Sie *persönlich relevant* ist. Wenn Sie das Gefühl haben, dass der Werkstattbesitzer nicht Ihre Interessen vor Augen hat oder dass Ihre Therapeutin zwar theoretisch versiert ist, aber keine Ahnung hat, wer Sie eigentlich sind, werden Sie das angebotene Wissen vielleicht nicht annehmen. Und wenn Sie das Gefühl haben, dass Ihr Lehrer Ihnen nicht klarmachen kann, warum Sie dieses Wissen für Ihren späteren Beruf brauchen, lernen Sie vielleicht nur für Ihre Prüfungen. Wenn Sie dagegen das Gefühl haben, dass der Werkstattbesitzer sich ernsthaft bemüht, Ihre Wünsche richtig zu verstehen und sie wirklich zu berücksichtigen, werden Sie mehr Vertrauen in seinen Rat haben. Und wenn Sie das Gefühl haben, dass Ihre Therapeutin wirklich versteht, was in Ihnen vorgeht, werden Sie eher neugierig auf ihre Vorgehensweise sein. Für Sie bedeutet »persönlich relevant« hier also: Sie haben das Gefühl, dass die andere Person aufrichtig und integer auf Ihre Bedürfnisse, Interessen, Gefühle und Wünsche eingeht.

Epistemisches Vertrauen beschreibt das Vertrauen darauf, dass andere über ein Wissen verfügen, das für Sie sowohl zuverlässig als auch persönlich relevant oder hilfreich ist. Sie sind bereit, sich dieses Wissen anzueignen.

Was für das Erlernen relativ einfacher Fertigkeiten gilt, z. B. den Umgang mit Besteck, gilt auch für komplexeres Wissen. Wenn Ihnen zum Beispiel jemand etwas über Sie selbst erzählt und Sie dieses Wissen als zuverlässig, persönlich relevant und hilfreich ansehen, nehmen Sie dieses Wissen auch leichter auf. Wenn Ihre Eltern sich also gut auf Sie einstellen und daran anknüpfen, wer sie sind, und ihnen dann sagen, wie sehr Sie an Ihnen schätzen, dass Sie fürsorglich und hilfsbereit sind, werden Sie dieses Wissen über Sie selbst akzeptieren: Ich bin also jemand, der fürsorglich und hilfsbereit ist. Diese Information wird Teil Ihres Selbstbildes: So bin ich. Und wenn Ihre Eltern Sie als Person wirklich gut kennen und Ihre Eigenschaften richtig einschätzen, wird dieses Wissen für Sie in Ihrem weiteren Leben von unschätzbarem Wert sein.

Welche Teile Ihres Selbstbildes haben Sie beispielsweise von Ihren Eltern übernommen, weil sie diese Eigenschaften immer wieder betont haben?

6.2 Epistemische Wachsamkeit

Unsere Fähigkeit, verlässliches und für uns relevantes Wissen zu erkennen, beeinflusst also die Qualität und Effektivität des Lernprozesses. Denn unzuverlässiges Wissen sollten wir am besten links liegen lassen. Eine der größten Sorgen von Eltern lässt sich vielleicht in die Frage fassen: Wird mein Kind in der Lage sein, Freund:innen und Erwachsene zu finden, die ihm korrektes, verlässliches und nützliches Wissen vermitteln? Oder wird sich mein Kind von unzuverlässigen Menschen mitreißen lassen? Denn nicht jedes Wissen ist hilfreich und verlässlich. In der Welt wimmelt es von *Fake News* – ein Phänomen, das sich nicht nur auf die sozialen Medien beschränkt. Wenn man beispielsweise ein neues Haus kauft, wird ein Immobilienmakler vor allem die Vorzüge des Hauses herausstreichen und von den Schattenseiten abzulenken versuchen.

Neben einem Grundvertrauen in andere, das uns eine Offenheit für das, was sie lehren können, verleiht, brauchen wir auch eine gesunde Portion Wachsamkeit. Diese Wachsamkeit hält uns aufmerksam und sorgt so dafür, dass wir keine unzuverlässige und schädliche Information aufnehmen. Sie bewahrt uns davor, naiv zu sein. Neben epistemischem Vertrauen brauchen wir als Gegengewicht also auch *epistemische Wachsamkeit.*

Luke und Jonas

Der 15-jährige Luke geht regelmäßig mit seinem Freund Jonas in den Park skaten. Eines Tages ist auch Jonas' Bruder mit einem Freund dort. Die beiden sind ein paar Jahre älter. Der Freund hat Gras dabei. »Das solltest du auch mal probieren.« Luke zögert, er fühlt sich nicht wohl dabei. »Komm, stell dich nicht so blöd an. Ein Joint kann doch nicht schaden. Wie alt bist du jetzt?«

Als Elternteil würde man sich wünschen, dass Luke ablehnt. Wie zuverlässig sind die Informationen dieses Jungen? Kann ein Joint wirklich nicht schaden? Und ein zweiter? Als Vater oder Mutter wünscht man sich, dass Luke nicht nur ein gesundes Maß an Selbstvertrauen besitzt, sondern auch wachsam ist und nicht einfach alles von anderen annimmt. Man hofft, dass er sagt: »Nein, das will ich sowieso nicht.«

Wie würden Sie als Elternteil Luke dabei helfen? Haben Sie Ideen, wie Sie Luke helfen können, herauszufinden, in welchem Maße er »guten« Freunden vertrauen kann? Haben Sie in Ihrem eigenen Leben Erfahrungen damit gemacht?

Junge Menschen lassen sich allerdings leicht beeinflussen. Nehmen Sie nur einmal das Phänomen des »Vloggens«, also das Führen eines Internet-Tagebuchs, veröffentlicht auf Blogs in Form von Videos. Die Macher:innen dieser Blogs, die Vlogger:innen, üben einen großen Einfluss auf ihre meist jungen Fans aus. Das liegt daran, dass sich ihr Publikum wirklich gesehen und verstanden fühlt, weil Vlogger:innen ihre Zuschauer auf eine wiedererkennbare Weise ansprechen. Das können nicht nur Vlogger:innen, auch Politiker:innen sind manchmal sehr gut darin. Im Jahr 2016 gelang es Donald Trump zum Beispiel im Gegensatz zu Hillary Clinton, eine große Zahl von Wähler:innen mit seiner Rede zu erreichen. Vielleicht haben viele Amerikaner:innen ihren Absichten nicht getraut und eine epistemisch wachsame Haltung gegenüber ihrer Botschaft eingenommen. Diese Beispiele zeigen etwas von den Gefahren von Rhetorik und Charisma. Manchmal können Menschen *epistemisch naiv* werden und unkritisch dem Beispiel anderer folgen. Politiker:innen können dann Dinge behaupten, die weltfremd, gefährlich oder einfach unwahr sind, ohne dass ihre Wählerschaft abspringt. Wenn es um epistemisches Vertrauen geht, ist der Inhalt der Botschaft manchmal gegenüber der Person, die die Botschaft vermittelt, zweitrangig.

Epistemische Wachsamkeit ist die Fähigkeit, epistemisches Vertrauen auszusetzen oder unzuverlässige Informationen, die für Sie irrelevant sind, abzuwehren. Es hilft Ihnen, zwischen zuverlässigen und weniger zuverlässigen Informationsquellen zu unterscheiden.

6.3 Epistemisches Vertrauen entwickeln

Kinder müssen erst *lernen*, von anderen zu lernen. Epistemisches Vertrauen ist nichts, was uns die Natur mitgibt, auch wenn Kinder naiv und leichtgläubig erscheinen mögen. Wir sind nicht von Natur aus offen für die »guten« Absichten anderer. Eine derart naive Haltung gegenüber der Außenwelt könnte auch sehr unklug sein. Denn wenn man vom Wohlwollen und der Güte seiner Umwelt ausginge und sich die Umwelt dann doch als schädlich erwiese, würde man seine eigene Überlebenschance gefährden. Um ein einfaches Beispiel aus der Evolution zu nennen: Wären unsere Vorfahren davon ausgegangen, dass alle Tiere harmlos oder alle Pilze essbar sind, hätten sie dafür teuer bezahlen müssen. Wir sind von Natur aus Negativem gegenüber sehr viel aufmerksamer als Positivem, und daher messen wir potenziell Gefährlichem oder Unzuverlässigem auch mehr Bedeutung zu als dem, was wir für sicher halten. Ein weiteres einfaches Beispiel: Beschreiben Sie Ihrem Kollegen einen Bewerber mit zehn Eigenschaften, von denen acht positiv und zwei negativ sind. Die Chancen stehen gut, dass Ihr Kollege den beiden negativen Merkmalen bei seiner Beurteilung besonderes Gewicht beimisst. Wachsamkeit gegenüber negativen Informationen, sogenannte epistemische Wachsamkeit, ist für das Überleben viel wichtiger als Offenheit gegenüber positiven Informationen, sogenanntes epistemisches Vertrauen. Ob man von 100 essbaren Pilzarten nur drei oder alle 100 isst, spielt für das Überleben keine große Rolle, solange man nicht die eine giftige Art isst.

Daraus folgt, dass epistemisches Vertrauen bzw. die Offenheit für neue Informationen und die Bereitschaft, sie zuzulassen, aufzunehmen und zu nutzen, entwickelt werden muss. Der Mensch hat zweifellos eine gewisse Veranlagung, dieses Vertrauen zu entwickeln – denn wir müssen lernen –, doch um sich zu entfalten, braucht diese Veranlagung Anreize. Der wichtigste Anreiz ist die Erfahrung von Sicherheit und Abstimmung in einer Beziehung, über die wir in den vorangegangenen Kapiteln ausführlich gesprochen haben. Eltern, die gut auf ihr Kind abgestimmt sind, sich in ihr Kind einfühlen und es spiegeln, lesen dessen Emotionen und Bedürfnisse gut genug und bieten Sicherheit und Entspannung im Kontakt zu ihm. Diese grundlegende Sicherheit verringert die natürliche epistemische Wachsamkeit und schafft Raum für epistemisches Vertrauen. Oder anders ausgedrückt: Diese Eltern geben ihrem Kind das Vertrauen, die epistemische Wachsamkeit vorübergehend außer Kraft setzen zu können und sich dem zu öffnen, was die Eltern ihm beibringen möchten.

Der Lernprozess könnte folgendermaßen ablaufen. Das Kind spürt, dass ein Elternteil es wirklich versteht, sich wirklich auf es abstimmt, und es vertraut deshalb darauf, dass dieser Elternteil es etwas zu lehren hat. Das Ergebnis einer solchen ausreichend guten Entwicklung ist, dass das Kind (und später der Erwachsene) sich traut, auf andere und deren Wissen zu vertrauen. Dabei wird es in der Regel dem Wissen und dem Rat von Menschen, die es kennt und die ihm wichtig sind, dem Wissen von Bezugspersonen, besonders vertrauen. Dennoch wird das Kind dieses Vertrauen außer Kraft setzen, wenn sich das Wissen eines anderen als unzuverlässig erweist: »Ich vertraue Mamas Urteil, es sei denn, die Realität macht deutlich, dass ihr Urteil in diesem Fall wirklich falsch ist. Dann vertraue ich eher meiner eigenen Einschätzung.« Sichere Bindung führt also sowohl zu Vertrauen in den anderen als auch zu Vertrauen in sich selbst. Man traut sich, sich den Meinungen, Einsichten und Ratschlägen anderer zu öffnen, hat aber auch genug Selbstvertrauen, sich bei Bedarf eine eigene Meinung zu bilden. Man traut sich, sich abhängig zu machen und sich auf andere zu stützen, aber auch, sich gegen andere zu stellen und seinen eigenen Weg zu gehen.

Mark und Sarah

Mark ist Sarahs Biologielehrer in der vorletzten Klasse der Sekundarschule. Seine Kolleg:innen beklagen sich bitterlich über die Atmosphäre in Sarahs Klasse. Die Schüler:innen hörten nicht zu, seien unkontrollierbar ... Nichts scheint die jungen Leute heutzutage zu interessieren. Mark sieht das nicht so. Im Gegenteil, er findet Sarahs Klasse sehr lustig und interessiert. Sarah findet auch, dass Mark ihr bester Lehrer ist. Er macht ihnen keinen Ärger und hat ein gutes Gespür dafür, was die Klasse interessiert. Sie hängt an seinen Lippen. Als Mark die Klasse ermutigt, für den Klimaschutz auf die Straße zu gehen, schmieden sie alle gemeinsam Pläne. Das

Verrückte daran ist, dass sie das bei einer anderen Lehrkraft vielleicht nicht getan hätten.

> Hatten Sie selbst einen Lehrer, eine Lehrerin wie Mark? Was hat Sie an ihm oder ihr so sehr fasziniert? Was trug dazu bei, dass Sie sich heute noch an sie oder ihn erinnern?

Mark ist einer dieser Lehrer, an die wir uns alle erinnern. Seine Lektionen gehen über sein Fachgebiet hinaus: Sie sind Lektionen über und für das Leben. Die Gabe solcher Lehrer:innen besteht vielleicht darin, dass sie die Stimmung im Klassenzimmer und unter den Schüler:innen perfekt erspüren und sich perfekt darauf abstimmen können, ohne dabei ihre Individualität zu verlieren – sie sind nicht darauf aus, der Klasse um jeden Preis zu gefallen. Oft handelt es sich um Lehrer:innen, die den Schüler:innen gegenüber positiv eingestellt sind, auf ihre emotionalen Bedürfnisse eingehen und ihre Autonomie fördern. Sie wagen es auch wirklich, mit der Klasse in Kontakt zu treten und in ihre Atmosphäre einzutauchen. Sie versuchen sie nicht zu beherrschen, ergreifen aber auch nicht die Flucht vor ihr. Diese Lehrer:innen haben ein Gespür für die Bedeutung von störendem Verhalten und können es angehen, indem sie sich auf dessen zugrunde liegende Bedeutung konzentrieren, statt nur das Verhalten an sich zu reglementieren.

Das Beispiel macht wiederum deutlich, warum effektives Mentalisieren so wichtig ist. Mentalisieren bedeutet im Wesentlichen, sich ein Bild von den Bedürfnissen, Gefühlen und Gedanken des anderen zu machen und diesem anderen zu helfen, sich ein ausreichend genaues Bild von Ihren Absichten zu machen. Wenn Sie einen anderen mentalisieren, versuchen Sie, den anderen wirklich von innen heraus zu verstehen, sodass der andere Ihr Wissen als persönlich relevant erfahren kann. Wenn Ihr:e Schüler:in zum Beispiel glaubt, dass Sie Ihren Job als Lehrer:in nur wegen des Geldes machen und nicht, weil Sie sich wirklich engagieren und nur das Beste für Ihre Schüler:innen wollen, ist die Wahrscheinlichkeit, dass sich epistemisches Vertrauen entwickeln wird, gering.

Steffi und Daniela

Steffi hat ihr erstes Gespräch mit ihrer Therapeutin Daniela. Sie hat keinen Bock darauf. Daniela fängt sofort an, sich positiv zu äußern: toll, dass sie gekommen ist (»Ja, das musste sie ja wohl ...«) und was für eine unglaublich hübsche Hose sie trägt (»Halt die Klappe, alte Schachtel«). Steffi fühlt sich schnell bevormundet. Ihre Therapeutin überhäuft sie mit Komplimenten, die sie völlig kaltlassen. Steffi hält es nur für einen Trick der Therapeutin.

Steffi wird in dieser Sitzung nicht viel von ihrer Therapeutin »lernen«. Warum eigentlich nicht? Nicht unbedingt, weil die Therapeutin nicht kompetent ist, sondern weil Steffi die Absichten der Therapeutin nicht als aufrichtig wahrnimmt. Sie findet die Komplimente nervig. Sie stellt Vermutungen über die Therapeutin und ihre Absichten an, die dazu führen, dass sie ihr nicht mehr glaubt. Und wenn man glaubt, dass es sich bei allem nur um einen Trick handelt, dann will man sich dadurch doch nicht täuschen lassen. Dieses einfache Beispiel zeigt, dass Komplimente oder Ermutigungen nicht immer funktionieren. Sie müssen auf den mentalen Zustand des anderen zugeschnitten sein. Das setzt eine Beziehung voraus, in der wir spüren, dass der andere uns mentalisiert, wodurch wir selbst auch wieder besser über die Absichten des anderen mentalisieren können. Wenn das schiefgeht, passiert vielleicht das, was bei Steffi passiert ist.

In welchem Maß jemand in der Lage ist, andere an sich zu binden, andere zu erreichen, ist individuell sehr unterschiedlich. Sonst würde Sarah vielleicht nicht nur an Marks Lippen hängen, sondern auch an denen anderer Lehrer:innen. Doch was entscheidet nun darüber, ob sich jemand tatsächlich für das Wissen anderer öffnet?

Um dies zu illustrieren, möchten wir Ihnen gerne ein Experiment vorstellen. In diesem Experiment werden Kleinkindern zwei Objekte mit unbestimmter Form vorgelegt. Es handelt sich um »erfundene« Objekte, die in der Alltagswelt nicht vorkommen und keine besonderen Vorlieben oder Abneigungen hervorrufen. Die Versuchsleiterin legt dem Kind diese beiden Objekte vor, gestaltet diese Einführung aber zweimal auf unterschiedliche Weise, damit wir vergleichen können, welche Auswirkungen das hat. Im ersten Fall nimmt eine Frau zunächst ausführlich und ausdrücklich Kontakt mit dem Kind auf, indem sie beispielsweise Blickkontakt herstellt und das Kind beim Namen nennt. Dadurch wird eine *Beziehung* hergestellt. Im zweiten Fall vermeidet die Frau hingegen den Kontakt und schaut einfach auf den Tisch, der zwischen ihr und dem Kind steht. Dann schaut sie in beiden Fällen begeistert auf einen Gegenstand und angewidert auf einen anderen. Schließlich fordert sie das Kind auf, ihr einen der beiden Gegenstände zu geben. In einer Variation dieses Experiments wird das Kind nicht von der Frau, die bei ihm sitzt, sondern von einer anderen Forscherin, die das Zimmer betritt, gebeten, ihr einen Gegenstand zu geben.

Was ergibt sich daraus? In der Variante, in der die Frau keinen Kontakt mit dem Kind aufnimmt und es dann selbst um einen Gegenstand bittet, ist das Kind deutlich eher bereit, ihr den »attraktiven« Gegenstand zu geben. Das Kind hat gelernt, dass diese Person eine klare Präferenz für einen der beiden Gegenstände hat, und handelt entsprechend. Wenn bei dieser Variante am Ende jedoch eine andere Forscherin hinzukommt und nach einem Gegenstand fragt, gibt das Kind ihr beide Gegenstände gleich oft. Dies könnte man folgendermaßen interpretieren: Das Kind hat gelernt, dass die erste Frau eine klare Präferenz hat, überträgt dieses Wissen aber nicht auf eine andere Frau. Das Wissen gilt nur für eine bestimmte Situation (diese Frau) und wird nicht verallgemeinert. Wenn die Frau allerdings Kontakt mit dem Kind aufnimmt, bevor sie die Objekte verzückt oder angewidert betrachtet, ist es überraschenderweise eher bereit, auch der unbekannten Forscherin das attraktive Objekt zu geben. Die Kontaktaufnahme hat also einen Einfluss auf die Art, wie Wissen aufgenommen wird. Das Kind scheint nun nicht gelernt zu haben, dass diese Frau diesen Gegenstand attraktiver findet, sondern dass dieser Gegenstand generell attraktiver ist, auch für andere Menschen. Das Wissen wird von situativem (im Hier und Jetzt gültigem) zu allgemeinem (immer gültigem) Wissen verallgemeinert. Oder leicht dramatisch formuliert: Das Kind hat etwas »für das Leben« und nicht nur für diese Situation gelernt.

Dieses Experiment lehrt uns einiges über die Bedeutung der Kontaktaufnahme für die Aktivierung von epistemischem Vertrauen. Kontaktaufnahme ist notwendig, wenn man möchte, dass sich Menschen dem öffnen, was man ihnen beibringen will. Ein:e Therapeut:in, zu dem/der man wirklich einen »guten Draht« bekommt, ist vielleicht eine Person, der es gelingt, einen echten Kontakt mit den Klient:innen herzustellen.

> Was bedeutet für Sie wirklich, zu jemandem »einen guten Draht« zu haben«? Hatten Sie Mentor:innen, Lehrer:innen, Therapeut:innen oder Freund:innen, zu denen sie wirklich einen guten Draht hatten? Woran lag es?

6.4 Aufmersamkeit wecken

Wenn es einem anderen gelingt, wirklich Kontakt zu Ihnen herzustellen, werden Sie oft neugierig darauf, wie er die Welt, andere Menschen und Sie selbst sieht. So ein fruchtbarer Kontakt entsteht vor allem dann, wenn Sie das Gefühl haben, dass der andere Sie gut mentalisiert, wenn Sie spüren, dass der andere Ihnen *als Person* wirklich Aufmerksamkeit schenkt. Fühlen Sie sich im Kontakt erkannt und anerkannt, verringert sich Ihre Tendenz, misstrauisch zu sein, und Sie spüren Ihr Vertrauen in den anderen. Das ist die Grundlage dafür, sich dem zu öffnen, was dieser andere Sie lehren kann.

Barry und Çigdem

Barry ist 44 Jahre alt. Er trinkt zu viel. Marcella, seine Lebensgefährtin, hat ihn schon unzählige Male darauf angesprochen. Sie denkt, er solle sich wegen seines Alkoholproblems in Behandlung begeben. Er findet, sie nörgelt. Durch ihre Nörgelei stresst sie ihn nur noch mehr, was ihn nur dazu bringt, noch mehr zu trinken. Auch Barrys Mutter macht immer wieder Bemerkungen darüber. Barry fühlt sich schlecht dabei, reagiert aber oft gereizt. Seine Trinkerei gehe niemanden etwas an. Trotzdem macht er sich auch irgendwo Gedanken darüber.

Letztlich beschließt er, mit seiner Hausärztin Çigdem zu sprechen. Barry ist erstaunt, dass sie ihn nicht gleich mit allen möglichen

Gesundheitstipps bombardiert. Stattdessen sagt sie, sie gehe davon aus, dass Barry selbst wisse, dass er weniger trinken solle, sonst sei er nicht hier, dass er aber vielleicht vor allem deutlich machen wolle, dass er allein nicht zurechtkomme. Und sie fragt ihn, mit welchen Schwierigkeiten er sich herumzuschlagen hat, wenn er einmal nicht oder weniger trinkt. Barry erzählt ihr, wie wahnsinnig mies er sich dann fühlt. Auch deshalb, weil Marcella es für normal hält, dass er dann nicht trinkt, und anscheinend nicht sieht, wie viel Anstrengung es ihn kostet und wie schrecklich er sich dann fühlt. Die mitfühlende und unterstützende Reaktion seiner Hausärztin gibt Barry das Gefühl, dass er zum ersten Mal jemandem gegenüber deutlich machen kann, welche Belastung er verspürt. Doch gleichzeitig verteidigt Çigdem seine Partnerin: Sie leidet sicherlich sehr unter den Auswirkungen seines Alkoholkonsums. Als seine Mutter ihm vor Kurzem fast wörtlich dasselbe vorgehalten hat, war er seltsamerweise gleich in Verteidigungshaltung gegangen. Jetzt greift er diese Bemerkung wieder auf. Am Ende des Gesprächs stellt Çigdem fest: »Barry, ich glaube, ich verstehe jetzt ein bisschen besser, wie sehr du in der Klemme steckst. Du willst zwar weniger trinken, aber jedes Mal, wenn du es selbst versuchst, fühlst du dich schrecklich schlecht. Marcella und deine Mutter machen sich zwar Sorgen, aber ihr Ansatz hilft dir nicht. Im Gegenteil, du scheinst immer mehr zu vereinsamen. Deshalb würde ich dir raten, dir Hilfe bei jemandem zu suchen, der ein bisschen mehr Distanz zu dir hat, zum Beispiel bei einem Therapeuten.« Zum ersten Mal ist Barry für einen solchen Rat offen.

Barrys Hausärztin hat es geschafft, den Kontakt herzustellen. Çigdem hat über Barry und die Klemme, in der er wohl steckt, nachgedacht. Sie hat ihm das Gefühl gegeben, etwas davon zu verstehen, wie es sein muss, Barry zu sein. Weil sie Kontakt zu ihm gefunden hat, kam der Rat, den Barry schon unzählige Male bekommen hat, endlich bei ihm an. Natürlich ist es für die Hausärztin wesentlich einfacher, Barry gut zu mentalisieren: Sie hat mehr Distanz zu seinen Problemen und ist weniger davon betroffen. Sowohl Marcella als auch Barrys Mutter haben vielleicht nicht genug psychischen Freiraum, um Barry und sich selbst gut zu mentalisieren und so den Kontakt herzustellen, der notwendig ist, um ihn mit ihren Ratschlägen zu erreichen.

An diesem Fall zeigt sich jedoch noch etwas anderes Wichtiges. Wenn Çigdem das Gefühl hat, dass es eine Möglichkeit gibt, nennt sie Barry bei seinem Namen. Wir nennen ein solches Signal einen *ostensiven Reiz,* oder anders gesagt, ein Kommunikationssignal. Damit kommuniziert man, dass etwas Wichtiges bevorsteht. Man erregt die Aufmerksamkeit: »Jetzt werde ich dir etwas beibringen.« Tatsächlich tut Çigdem damit etwas, was auch Eltern oft bei ihrem Kind tun. Wenn Eltern ihrem Kind etwas beibringen möchten, stimmen sie sich mit ihm ab, und wenn eine wichtige Botschaft folgt, versuchen sie zunächst, seine Aufmerksamkeit zu erregen. Sie sorgen gewissermaßen auf ganz natürliche Weise dafür, dass sie einen guten Draht zu dem Kind haben, damit es etwas lernen kann. Sie nennen ihr Kind beim Namen, oder sie sagen etwas wie »Pass auf!« oder »Jetzt hör gut zu!« Innerhalb einer Beziehung, in der ein echter Kontakt besteht, aktivieren Kommunikationssignale das epistemische Vertrauen (oder sie deaktivieren die epistemische Wachsamkeit: »Es ist jetzt ungefährlich, etwas zu lernen«). So erschaffen sie einen Kontext, in dem man lernen kann. Der andere versteht: »Jetzt wird es wichtig. Was die andere Person mir jetzt sagt, muss ich speichern.« Der Ratschlag kann ankommen: Er knüpft an die Gefühle und Bedürfnisse der Person an und wird daher als persönlich relevantes Wissen aufgenommen.

Gute Redner:innen nutzen übrigens oft ein ganzes Arsenal ostensiver Reize, ebenso wie einfühlsame Eltern, die ihrem Kind etwas beibringen wollen: Sie haben ihr Publikum im Blick, sprechen die Zuhörer:innen beinahe persönlich an und akzentuieren ihre Botschaft mit strategischen Gesten: »Read my lips!«

Wie legen Sie eine fruchtbare Grundlage für soziales Lernen?

1. Stellen Sie einen wirklichen Kontakt her, indem Sie den anderen mentalisieren.
2. Das vermindert die epistemische Wachsamkeit und aktiviert das epistemische Vertrauen.
3. Verwenden Sie Kommunikationssignale (Tonfall, Blickkontakt, Namensnennung usw.): »Passen Sie auf, was ich jetzt sage, ist wichtig.«
4. Dieses Signal gewährleistet, dass der andere auf das, was Sie sagen wollen, achtet.
5. Der Empfänger, die Empfängerin ist offen für die Aufnahme von Wissen, das auf persönlicher und sozialer Ebene wichtig ist.
6. Hier lernt der Empfänger, die Empfängerin etwas, das auch in anderen Situationen wichtig ist.

6.5 Zusammenfassung

Lernen gelingt am besten, wenn wir ein Gleichgewicht zwischen epistemischem Vertrauen und epistemischer Wachsamkeit finden. Im Zuge einer normalen Entwicklung lernen wir dies dank der Sicherheit, die wir im Kontakt mit anderen erfahren, und dank der Eltern, die uns mentalisieren und uns helfen, uns selbst und andere zu mentalisieren. Letzteres ist notwendig, um gute von weniger guten Absichten zu unterscheiden, um richtiges Wissen zuzulassen und unzuverlässiges Wissen von uns zu weisen.

Im fragilen Dreieck von Mentalisierung, Bindung und sozialem Lernen können verschiedene Formen der Unsicherheit, die Kinder in ihren Grundbeziehungen erleben, die Entwicklung von epistemischem Vertrauen beeinflussen. Welche Konsequenzen dies hat, besprechen wir im nächsten Kapitel.

KAPITEL 7

Epistemisches Misstrauen, Naivität und erhöhte Hypervigilanz

In einer gesunden Umgebung sind die Eltern ausreichend auf ihr Kind abgestimmt. Sie mentalisieren ihr Kind effektiv, sorgen für Sicherheit im Umgang mit ihm und wecken so ein epistemisches Vertrauen, aufgrund dessen das Kind von ihnen lernt und Wissen und Fähigkeiten erwirbt, die es ihm ermöglichen, als unabhängiger Erwachsener besser zurechtzukommen. Gutes Mentalisieren, sichere Bindung und epistemisches Vertrauen gehen Hand in Hand. Was wird aber aus der Entwicklung epistemischen Vertrauens, wenn ein Kind nicht in einer sicheren, gut abgestimmten und mentalisierenden Umgebung aufwächst? Was passiert, wenn die Bezugspersonen aus welchem Grund auch immer weniger auf ihr Kind abgestimmt sind?

> Denken Sie einen Moment an Sophie aus dem 5. Kapitel über unsichere Bindung zurück. Kann sie in Sicherheit etwas von Julia lernen? Welche Auswirkungen würde das auf ihre Bereitschaft haben, auch in ihrem späteren Leben etwas von anderen zu lernen? Was würde passieren, wenn ihr Mentor oder ihre Betreuungslehrerin Sophie um ein Gespräch bitten würde? Was wäre, wenn sich der Schularzt um sie Sorgen machte? Was wäre, wenn sie sich in Behandlung begeben würde? Wie sicher ist es für Sophie, sich anderen gegenüber zu öffnen?

In einem weniger sicheren Umfeld haben Sie grob gesprochen drei Möglichkeiten. Die erste besteht darin, sich diesem Umfeld völlig zu verschließen und nichts mehr von ihm anzunehmen. Das Umfeld ist schädlich und unzuverlässig, und Sie trauen sich nicht mehr, sich auf andere zu verlassen, sondern nur noch auf sich selbst. Wir bezeichnen dies als *epistemisches Misstrauen*. Die zweite Möglichkeit besteht darin, nach einem Anker zu suchen, an den Sie sich in dieser unsicheren Umgebung trotzdem klammern können. Das Umfeld ist schädlich und Sie sind in erhöhtem Maße aufmerksam, was mögliche Unzuverlässigkeit angeht (*erhöhte epistemische Wachsamkeit*), während Sie sich gleichzeitig ängstlich an etwas klammern, das in Wirklichkeit vielleicht nur ein Strohhalm ist, auf den Sie fast unkritisch vertrauen (*epistemische Naivität*). Es gibt auch noch eine dritte Möglichkeit, nämlich die, dass man weder sich selbst noch anderen zu vertrauen wagt und sich so völlig isoliert. In diesem Fall sitzt man in der Klemme, man befindet sich in einem *epistemischen Dilemma*.

Eine gesunde Entwicklung erfordert ein Gleichgewicht von epistemischem Vertrauen und epistemischer Wachsamkeit. In weniger günstigen Formen der Entwicklung überwiegen epistemisches Misstrauen, erhöhte epistemische Wachsamkeit oder epistemische Naivität.

7.1 Epistemisches Misstrauen

Manchmal können unsere Erfahrungen dazu führen, dass wir andere mit Misstrauen betrachten. Dann wird es schwierig, sich noch dafür zu öffnen, was andere uns lehren könnten.

Daniel

Daniels Vater war früher Alkoholiker. Daniel hat sich dafür sehr geschämt. Er fand, dass seine Mutter mit seinem Vater und seinen Problemen zu nachsichtig war. Schon früh begann Daniel sich zurückzuziehen. Er nahm nur noch sehr wenig von seinen Eltern an. Auch in der Schule begann er sich zu isolieren. Er wollte nicht, dass andere herausfanden, wie schlimm seine häusliche Situation war. Er legte auch keinen besonderen Wert auf die anderen. Er kochte lieber sein eigenes Süppchen. Letztlich konnte man sich im Leben doch nur auf sich selbst verlassen.

Daniel lernt nichts mehr, zumindest nichts von anderen. Er schottet sich ab und nimmt nichts mehr an. Bei Daniel besteht *epistemisches Misstrauen*. Er kann nur noch auf sich selbst vertrauen. Lösungen, die er sich selbst ausdenkt, sind gut. Was von außen kommt, lässt er nicht mehr an sich heran.

> **Epistemisches Misstrauen** bedeutet, dass neues Wissen als unzuverlässig oder irrelevant angesehen und deshalb abgelehnt wird: »Ich vertraue niemandem außer mir selbst.«

7.2 Erhöhte epistemische Wachsamkeit und Naivität

Unsere Erfahrungen können auch dazu führen, dass wir gegenüber potenziell unzuverlässigem Wissen von anderen besonders aufmerksam sind (erhöhte Wachsamkeit), aber gleichzeitig so unsicher und ängstlich sind, dass wir uns blind an eine Person klammern. Eine solche Abhängigkeit kann manchmal zu weit gehen (extreme Beispiele sind Loverboy-Beziehungen).

Jenny

Lernen ist für Jenny keine Selbstverständlichkeit. Sie scheint gegenüber Menschen, die es gut mit ihr meinen, immun geworden zu sein, und positive Erfahrungen oder Rückmeldungen prallen an ihr ab. Als Jennys Mutter sagt, sie sei stolz auf sie, kann Jenny das nicht glauben. Sie ist verwirrt. Sie fühlt sich einsam und unverstanden. Es gibt niemanden, mit dem sie wirklich befreundet ist, und ihre Eltern scheinen nicht zu begreifen, wie furchtbar schlecht sie sich fühlt. Sie sucht oft Unterstützung in Foren, in denen sich Mädchen in ihrem Alter gegenseitig Nachrichten schicken. Neulich riet ihr eines dieser Mädchen, sich zu ritzen. »Das tut gut«, schrieb sie. Jenny hat das daraufhin ausprobiert. Seitdem ritzt sie sich fast täglich.

Jenny ist für positive Erfahrungen und Rückmeldungen unerreichbar. Vielleicht nähren solche Erfahrungen und Rückmeldungen sogar ihr Gefühl, unverstanden zu sein. Sie ist vielleicht ganz von erhöhter epistemischer Wachsamkeit bestimmt. Gleichzeitig sehnt sie sich aber auch nach jemandem, der sie versteht, sie hat eine Art von epistemischem Hunger. Deshalb sucht sie Zuflucht außerhalb der Familie und öffnet sich für »unzuverlässige« Informationsquellen. Womöglich erklärt dies auch, warum sich Jugendliche mit Problemen so häufig an andere Jugendliche mit Problemen wenden: Sie finden bei den anderen Anerkennung. Ihr epistemischer Hunger kann zu einem Nährboden für *epistemische Naivität* werden: Unkritisch akzeptieren sie, was diese eine andere Person, die sie versteht, ihnen sagt. Vielleicht ist dies einer der Mechanismen, die zur Verbreitung von Problemen unter Jugendlichen führen. Wenn jemand, dem man vertraut und in dem man sich wiedererkennt, seine Probleme auf eine bestimmte – destruktive – Weise löst, kann es verlockend sein, diese Lösungen selbst auch zu übernehmen.

Erhöhte epistemische Wachsamkeit bezeichnet eine Art übermäßige Aufmerksamkeit und Wachsamkeit in Bezug auf die Verlässlichkeit des Wissens anderer, die oft auf Zweifel an deren Absichten beruht: »Man muss im Leben gewaltig auf der Hut sein!«

Epistemische Naivität äußert sich in blindem Vertrauen in das Wissen einer bestimmten Person, und dieses Wissen wird dann unkritisch akzeptiert: »Ich vertraue nur dir und niemandem sonst. Auch mir selbst nicht.«

7.3 Epistemisches Dilemma

Daniel traut sich nur noch, sich selbst zu vertrauen. Vielleicht vertraut er anderen nicht genug, sodass er nur auf seine eigenen Lösungen und Überzeugungen zurückgreifen kann, doch zumindest findet er noch in sich selbst einen gewissen Rückhalt. Jenny wiederum findet gerade in sich selbst kaum noch Halt, sondern sucht verzweifelt nach anderen, an die sie sich klammern kann. Das ist vielleicht nicht gesund, aber es gibt ihr zumindest einen gewissen Halt, wenn sie selbst weder ein noch aus weiß. Doch was ist, wenn man weder bei sich selbst noch bei anderen Halt findet?

Rebecca

Es ist Nacht. Rebecca liegt wach. Sie ist ängstlich und kann die Gedanken, die ihr durch den Kopf gehen, nicht stoppen. Sie wünscht sich so sehr, es wäre jemand da, der sie beruhigen könnte. Zögernd steht sie vor dem Zimmer ihrer Mutter, doch dann geht sie doch wieder zurück in ihr eigenes Zimmer. Zu ihrer Mutter kann sie nicht gehen, denn die ist depressiv und nimmt oft Schlaftabletten. Rebecca hat auch Angst vor der Reaktion ihrer Mutter. Manchmal ist sie verständnisvoll, aber manchmal wird sie auch extrem wütend, wenn Rebecca sie braucht. Es gibt niemanden, der ihr helfen kann. Oder vielleicht doch in einem der Foren, in denen sie oft landet? Dort beginnt Rebecca mit fremden Männern zu chatten. Das hilft ihr zwar nicht, aber immerhin fühlt sie sich dort für eine Weile wahrgenommen. Und danach wieder schmutzig ...

Rebecca steckt in einem *epistemischen Dilemma*: Sie sehnt sich danach, einem anderen zu vertrauen, und sie braucht andere, aber gleichzeitig hat sie Angst, dass ein anderer Mensch ihr schaden wird. Kurz gesagt, Rebecca hat den Boden unter den Füßen verloren. Sie weiß nicht, auf wen oder was sie vertrauen kann. Sie hat keinen Ankerpunkt, weder in sich selbst noch außerhalb ihrer selbst.

Kennen Sie Menschen in Ihrem Umfeld, die in einem dieser Stile agieren? Zum Beispiel Menschen, bei denen Sie merken, dass sie nicht viel von Ihnen annehmen? Oder einen Freund, der genau der Person vollauf vertraut, von der Sie gehofft haben, dass Ihr Freund sie ignorieren würde? Woher kommt das Ihrer Ansicht nach? Welche Auswirkung hat das auf Sie?

7.4 Bindungsstile und epistemisches Vertrauen

Die Offenheit, von anderen etwas zu lernen, muss erworben werden. In den vorherigen Beispielen war diese Offenheit nicht mehr vollständig gegeben. Was zu verschiedenen Problemen beim sozialen Lernen führt. Bei Rebecca, Jenny und Daniel bestand eine zu geringe Balance zwischen epistemischem Vertrauen und epistemischer Wachsamkeit. Aber wie ist es dazu gekommen?

> Können Sie selbst überlegen, welche dieser epistemischen Strategien den verschiedenen Bindungsstilen entsprechen könnten?

Die Forschung zeigt, dass die Prädisposition oder Tendenz zu epistemischem Vertrauen, Misstrauen oder Naivität mit der Art des Bindungsstils zusammenhängt, den ein Kind entwickelt. Es gibt eine sehr schöne Studie, in der man dies bei Kindern untersucht hat. In dem Experiment werden drei- bis vierjährigen Kindern Bilder von seltsamen Hybridtieren gezeigt, zum Beispiel ein Tier, das halb Fisch und halb Vogel ist. Normalerweise bestehen 50 Prozent aus dem einen und 50 Prozent aus dem anderen Tier, aber manchmal wird das Verhältnis verändert, sodass das Bild 75 Prozent des einen Tieres und nur 25 Prozent des anderen darstellt, zum Beispiel nur die Flossen des Fisches auf dem Rücken eines Vogels. Die Kinder werden gefragt, was für ein Tier sie sehen. Bevor sie ihre eigene Meinung äußern dürfen, wird ihnen zunächst die Meinung der Mutter (der wichtigsten Bindungsperson) und einer fremden Person mitgeteilt. Nun ist der Test so angelegt, dass die fremde Person immer die andere Möglichkeit angibt. Wenn die Mutter sagt, das Hybridtier sei ein Fisch, sagt die fremde Person, es sei ein Vogel und umgekehrt. Bei den 75/25 Tieren nennt die Mutter immer das »Minderheitentier«. Die Frage ist nun, was das Kind tun wird: Folgt es seiner Mutter oder der fremden Person? Interessanterweise scheint die Entscheidung des Kindes mit dem Bindungsstil zusammenzuhängen.

Sicher gebundene Kinder neigen dazu, sich der Meinung der Mutter anzuschließen. Wenn die Zeichnung, die die »Realität« darstellt, nicht eindeutig ist – d.h. bei den 50/50-Tieren – schließen sich sicher gebundene Kinder eindeutig eher der Entscheidung der Mutter als der einer fremden Person an. Wenn die Zeichnung jedoch eindeutig in eine Richtung zeigt – bei den 75/25-Tieren – ändert sich die Strategie der sicher gebundenen Kinder. Sie folgen dann nicht mehr der »unzuverlässigen« Information der Mutter, sondern der der fremden Person (oder vielleicht besser gesagt, vertrauen sie ihrem eigenen Urteil). Sicher gebundene Kinder zeigen also – wie zu erwarten – eine Kombination aus epistemischem Vertrauen und epistemischer Wachsamkeit: Sie vertrauen im Prinzip den Menschen, mit denen sie sich sicher verbunden fühlen, es sei denn, diese treiben es zu bunt. Dann vertrauen sie sich selbst.

Vermeidend gebundene Kinder (wie Daniel) zeigen ein anderes Reaktionsmuster. Es ist nicht so überraschend, dass sie sich bei den 75/25-Tieren meist der fremden Person anschließen. Bemerkenswerterweise schließen sie sich jedoch bei den 50/50-Tieren in ihrem Urteil ebenso oft der Mutter wie der fremden Person an. Das ist interessant: Sie stützen sich also nicht stärker auf die Meinung einer Bindungsperson als auf die einer fremden Person. Oder vielleicht ist es richtiger zu sagen: Sie verlassen sich nur auf ihr eigenes Urteilsvermögen und lassen sich nicht von anderen beeinflussen. Dies könnte vielleicht ihr epistemisches Misstrauen widerspiegeln.

Ängstlich-ambivalent gebundene Kinder (siehe Jenny) zeigen ein anderes Muster. Bei den 50/50-Tieren schließen sie sich in ihrem Urteil fast immer der Mutter an. Wo die Realität sie nicht wirklich in eine bestimmte Richtung lenkt, vertrauen sie also fast ausschließlich auf ihre Bindungsperson. Möglicherweise noch bemerkenswerter ist jedoch: Selbst bei den 75/25-Tieren schließen sie sich häufiger ihrer Mutter als einer fremden Person an. Das ist interessant: Auch wenn die Wahrnehmung der Realität ihnen mehr als deutlich macht, dass die Mutter falsch liegt, schließen sich ängstlich-ambivalent gebundene Kinder in ihrem Urteil weiterhin ihrer Bindungsperson an. Dies kann als epistemische Naivität gedeutet werden, die mit einem sehr geringen Vertrauen in fremde Menschen einhergeht. Selbst wenn die fremde Person offensichtlich recht hat, misstraut das Kind ihrer Meinung: erhöhte epistemische Wachsamkeit.

Zuletzt gibt es auch noch *desorganisiert* gebundene Kinder (denken

Sie an Rebecca), die oft traumatisiert sind und die Erfahrung gemacht haben, dass die Menschen, von denen sie abhängig sind, ihnen auch schaden können. Bei diesen Kindern lässt sich ebenfalls ein verblüffendes Reaktionsmuster beobachten: Ob 50/50 oder 75/25, sie folgen mit gleicher Wahrscheinlichkeit ihrer Mutter wie einer fremden Person. Eigentlich scheinen sie fast willkürlich zu reagieren: Die Wahrnehmung der Realität hat keinen Einfluss auf ihre Reaktionen, ebenso wenig wie die Beziehung zu anderen. Diese Kinder scheinen weder anderen noch sich selbst zu vertrauen. Ihre willkürlichen Antworten spiegeln möglicherweise etwas von ihrem epistemischen Dilemma wider.

Der grundlegende Bindungsstil, den ein Mensch in seinem Leben entwickelt hat, scheint also eine Vorhersage darüber zu ermöglichen, wie und von wem ein Mensch lernt. Wer eine *sichere* Bindung hat, entwickelt eine grundlegende Fähigkeit, von anderen zu lernen, prüft aber gleichzeitig kritisch, ob das, was der andere ihm beibringen will, zuverlässig ist. Das ist eine unglaublich wertvolle Fähigkeit. Schließlich lernen wir nicht nur von unseren Eltern, sondern, aufgrund dieser Fähigkeit, auch von anderen. Menschen mit diesem Bindungsstil werden in der Lage sein, ihre eigenen Einsichten, ihr Bild von sich selbst und der Welt fortwährend zu verfeinern, um sich immer besser an ihre Umwelt anzupassen. Wenn man sicher gebunden ist und eine Grundhaltung des epistemischen Vertrauens hat, ist es in der Regel auch einfacher, Beziehungen aufzubauen, in denen man lernen kann. Außerdem ist man in der Regel recht flexibel und nicht so sehr auf die eigene Wahrheit fixiert, sodass es einem leichter fällt, zu akzeptieren, dass neben der eigenen auch andere Ansichten bestehen. Man denkt gleichzeitig unabhängig und kritisch darüber nach, ob neue Informationen richtig sind, und unzuverlässige Informationen werden nicht ohne Weiteres akzeptiert.

Ist jemand hingegen *vermeidend* gebunden, besteht seine Grundhaltung darin, das Wissen anderer abzuwehren. Vielleicht haben diese Menschen häufiger die Erfahrung gemacht, dass andere wenig adäquat auf sie eingehen, und schotten sich deshalb von der Außenwelt ab. Sie möchten anderen vielleicht vertrauen, aber das fühlt sich zu beängstigend und unsicher an, und daher vertrauen sie nur sich selbst. Vermeidend gebundene Menschen sind oft viel schwieriger zu erreichen. Sie tragen einen zu dicken Panzer und sind zu autonom. Daher sind es Menschen, die nicht ohne Weiteres Hilfe von anderen annehmen. »Letztendlich ist man im Leben auf sich allein gestellt«, scheint ihr Motto zu sein. Sie suchen auch nicht schnell Hilfe, und wenn sie es doch einmal tun, sind sie oft skeptisch und misstrauisch. Sie gehen nicht in Kontakt und sind Ratschlägen gegenüber nicht besonders offen. Dadurch werden sie oft rigide. Was sie denken und für richtig halten, ist die Wahrheit. Für ihr Umfeld ist es oft schwer, den Panzer epistemischen Misstrauens zu durchdringen. Dazu muss der andere zunächst oft eine Menge investieren, um einen affektiven Kontakt herzustellen. Bei vermeidend gebundenen Personen ist das oft nicht nur eine Frage der Beharrlichkeit, der andere muss sich vielmehr regelrecht in den Kontakt »hineinzwängen«, um die vermeidende Person zu erreichen und ihr Interesse zu wecken.

Ist jemand *ängstlich-ambivalent* gebunden, ist er oder sie oft sehr wählerisch, wenn es darum geht, anderen zu vertrauen, vertraut dieser Mensch jedoch einmal einer anderen Person, ist das Vertrauen blind. Blind insofern, dass er dann kaum selbstständig und kritisch denkt und sich unkritisch auf das verlässt, was der andere ihm sagt. Solche Menschen neigen dazu, Schwarz-Weiß-Entscheidungen zu treffen: Zu dieser Lehrerin habe ich einen guten Draht, zu den anderen drei nicht. Und wenn sie einen guten Draht zu jemandem haben, ist es ihnen gleich, was sie selbst denken und wollen, sie lassen sich einfach von der anderen Person mitreißen. Denken Sie beispielsweise an eine Frau, die ihren Partner bei jeder Entscheidung zu Rate zieht, oder an den Jugendlichen, der alles tut, um das Wohlwollen seines Sporttrainers zu erlangen. Der zentrale Punkt ist der, dass diese Menschen kein Vertrauen in ihre eigene Fähigkeit entwickeln, Entscheidungen zu treffen oder mit der Angst, die sie erleben, umzugehen. Sie bleiben darin von anderen Menschen abhängig. Wenn ihr Ankerpunkt – Partner:in, Trainer:in, Therapeut:in … – von der Bildfläche verschwindet, ist zu erwarten, dass sie ihre Unsicherheit oder Angst entweder bei jemand anderem abladen oder ihre Probleme in ihrer ganzen Intensität zurückkehren. Ihr »Ich« ist zu fragil. Das Einzige, was in dieser Situation wirklich hilft, den Kreislauf zu durchbrechen, ist die Erfahrung, eine eigene Meinung zu haben, eigene Entscheidungen treffen zu können und furchterregende

Situationen selbst bewältigen zu können – kurz gesagt, Selbstvertrauen zu entwickeln.

Ist jemand schließlich *desorganisiert gebunden*, verfügt er häufig über keine klare epistemische Strategie. Er wagt es weder sich selbst noch anderen zu vertrauen. Informationen werden nicht richtig bewertet, sodass solche Menschen oft, beispielweise in Bezug darauf, wem sie sich in ihrem Urteil anschließen oder welche Meinung sie zu einem bestimmten Thema haben, unberechenbar sind. Sie fühlen sich selbst oft sehr unsicher, ängstlich und labil. Sie spüren, dass sie wenig festen Boden unter den Füßen haben. Sie möchten anderen zwar vertrauen, aber das ist ihnen zu unsicher und unberechenbar. Andere müssen viel investieren und sich viel Zeit nehmen, um so etwas wie Sicherheit in der Beziehung zu schaffen. Erst dann wird so etwas wie epistemisches Vertrauen – und damit neues und gesünderes Lernen – möglich.

Bindungsstile und zugehörige epistemische Strategien

Bindungsstil	Epistemische Strategie
Sichere Bindung	Epistemisches Vertrauen und epistemische Wachsamkeit ■ *Ich kann meiner eigenen Meinung/Erfahrung ausreichend vertrauen.* ■ *Ich vertraue der Meinung/Erfahrung anderer, insbesondere der von Bindungspersonen, es sei denn, sie ist weniger glaubwürdig.*
Vermeidende Bindung	Epistemisches Misstrauen ■ *Ich kann nur mir selbst vertrauen.*
Ängstlich-ambivalente Bindung	Erhöhte epistemische Wachsamkeit ■ *Ich vertraue wenig auf meine eigene Meinung/Erfahrung.* ■ *Ich möchte anderen vertrauen, kann es aber nicht, weil ich fürchte, dass man ihnen nicht trauen kann.* Epistemische Naivität ■ *Wenn ich jemandem wirklich vertraue, ist mein Vertrauen blind.*
Desorganisierte Bindung	Epistemisches Dilemma ■ *Ich vertraue mir selbst nicht und brauche daher die Bestätigung von anderen, aber …* ■ *Ich vertraue anderen nicht und muss daher auf mich selbst zurückgreifen, aber …*

Sie können sich wahrscheinlich vorstellen, dass jeder dieser Lernstile oder jede dieser epistemischen Strategien auch Auswirkungen auf den Umgang mit anderen hat. Bei Menschen, die epistemisch misstrauisch sind, stößt man auf eine Mauer des Misstrauens. Was auch immer man ihnen anbietet, es scheint an ihnen abzuprallen. Das kann zu einer Menge Frustration führen. Bei Menschen mit erhöhter epistemischer Wachsamkeit muss man immer und immer wieder seine guten Absichten unter Beweis stellen. Sie möchten zwar glauben, dass das, was man sagt, wahr ist und einen Wert hat, aber sie haben nicht den Mut, es zu glauben. Für epistemisch naive Menschen schließlich kann es manchmal bedrückend sein, dass sie sich so sehr auf einen verlassen. Man fühlt sich zu wichtig und wünscht sich, sie könnten sich auch auf andere verlassen. Oder auf sich selbst.

7.5 Mit Epistemisch verletzlichen Menschen in Kontakt kommen

Erhöhte epistemische Wachsamkeit und epistemisches Misstrauen führen dazu, dass Menschen nichts mehr von anderen lernen. Epistemische Naivität führt dazu, dass jemand sehr selektiv mit dem Wissen anderer umgeht. Aber welche Konsequenzen hat das?

Steffi ist davon überzeugt, dass sie nur eine Belastung ist, hässlich ist und nichts kann. Was haben ihre Eltern nur an ihr? Wenn etwas schiefgeht, bestätigt das nur ihr negatives Selbstbild. Ihre Mutter beklagt sich manchmal darüber, dass sie all den positiven Dingen, die sie tut, keinen Wert beimisst. Und hässlich ist sie ganz bestimmt nicht, sagt die Mutter, und sie ist wirklich nicht die Einzige, die so denkt! Im Gegenteil, sie ist wirklich ein superhübsches Mädchen. Doch das kümmert Steffi nicht.

> Gibt es in Ihrem Umfeld auch solche Steffis? Warum lassen sich Ihre Steffis so schwer überzeugen? Wie wirkt sich das auf Sie aus?

Das ist die Steffi, die in Kapitel 6 während des Kennenlerngesprächs mit ihrer Therapeutin so frustriert auf die Komplimente reagiert hat. Sie nimmt von anderen nichts an, erst recht nicht, wenn es nicht mit dem übereinstimmt, was sie über sich bereits »weiß«, nämlich dass sie hässlich und wertlos ist. Steffis erhöhte epistemische Wachsamkeit führt dazu, dass sie die Meinung anderer über sich nicht gelten lässt. Sie glaubt anderen nicht, dass sie es ernst meinen, oder sie möchte ihnen wohl glauben, traut es sich aber nicht. Daher ändert sich an Steffis Selbstbild nichts. Sie hält hartnäckig an rigiden, eingefahrenen Überzeugungen über sich selbst fest.

Menschen mit psychischen Problemen halten oft bemerkenswert starr an Denk-, Gefühls- und Handlungsweisen fest, die für sie nicht hilfreich sind, auch wenn andere ihnen schon unzählige Male deutlich gemacht haben, dass das falsch ist. Sie nehmen diese wohlmeinenden Warnungen nicht ernst und halten an ihren eigenen Wahrheiten, so wie sie sie kennen, fest. *Rigidität* ist gewissermaßen das Hauptmerkmal bei psychischen Problemen. Rigidität ist das Gegenteil von Flexibilität. Flexibilität bedeutet, dass man sich leicht anpassen kann. Dass man verschiedene Denk- und Handlungsweisen annehmen kann, um weiterzukommen, und nicht stur auf ineffektiven Strategien beharrt. Flexibilität erfordert epistemisches Vertrauen. Und umgekehrt gehen Rigidität und epistemisches Misstrauen und erhöhte epistemische Wachsamkeit auch Hand in Hand. Wir kommen in Kapitel 10 ausführlicher darauf zurück. In diesem Kapitel erläutern wir, wieso Rigidität und mangelndes epistemisches Vertrauen Menschen oftmals für die Entwicklung psychischer Probleme anfällig machen.

Bevor wir dieses Kapitel abschließen, möchten wir kurz eine Verbindung zum vorherigen Kapitel herstellen. Darin haben wir die Bedingungen beschrieben, unter denen epistemisches Vertrauen aktiviert werden kann. Wir haben betont, dass »echter« Kontakt, die Verwendung von ostensiven Reizen (Kommunikationssignalen), Mentalisieren und das Gefühl, mentalisiert zu werden, entscheidend dafür sind, wie weit sich eine Person innerhalb einer Beziehung für das Wissen eines anderen öffnet. Aber funktioniert das auch, wenn epistemisches Misstrauen oder erhöhte epistemische Wachsamkeit herrschen? Ist es möglich, epistemisch misstrauische Personen trotz allem (kurzzeitig) zu erreichen?

Alexandra und Anna

Anna ist Alexandras Deutschlehrerin. Sie ist nicht ihre Klassenlehrerin, aber sie freut sich immer, wenn sie bei ihr im Unterricht ist. Alexandra kann schöne Gedichte schreiben. Anna ist allerdings aufgefallen, dass diese Gedichte einen etwas düsteren Ton haben, und seitdem achtet sie besonders auf Alexandra. Als Alexandra vorhin ihre Hausaufgaben bei ihr abgab, fielen Anna einige symmetrische Kratzer an ihrem Handgelenk auf. Dadurch kam in ihr die Vermutung auf, dass irgendetwas wirklich nicht stimmt. Ihr ist schon einige Zeit aufgefallen, dass Alexandra häufiger alleine in der Klasse sitzt. Sie ist auch stiller als im letzten Jahr.

Als Alexandra an diesem Tag die Klasse verlässt, spricht Anna sie kurz an: »Hey, Alexandra, willst du noch kurz bleiben? Ich möchte ein bisschen mit dir reden.« Anna sagt Alexandra so ehrlich und direkt wie möglich, dass sie sich schon seit einiger Zeit Sorgen macht und dass ihr gerade aufgefallen ist, dass sie kleine Narben an ihrem Handgelenk hat. Alexandra verdreht die Augen und antwortet nicht. Anna versucht sich in Alexandras Emotionen einzufühlen: »Ich kann mir vorstellen, dass ich dich gerade damit überfalle und es dir vielleicht auch nicht gefällt, wenn ich mit dir darüber rede. Ich tue das, weil ich mir Sorgen um dich mache, und ich denke, es ist wichtig, dass du das weißt. Ich möchte, dass du weißt, dass du jederzeit mit mir sprechen kannst, wenn du willst.« Alexandra ist ein wenig verwirrt. Natürlich schämt sie sich, aber auf der anderen Seite ist es irgendwie schön, dass Anna bemerkt hat, dass es nicht gut läuft. Und dass sie ihr den Freiraum gibt, selbst darauf zurückzukommen. Für sie funktioniert das so am besten: Sie kann sich einen Moment Zeit nehmen, um darüber nachzudenken, was sie in einem Gespräch sagen möchte.

Auch in diesem Beispiel ist effektives Mentalisieren das Schlüsselwort oder der Schlüssel ... Anna denkt über Alexandra nach. Sowohl darüber, was da nicht stimmen könnte, wie auch darüber, wie Alexandra sich womöglich fühlt, aber auch darüber, wie es für sie wohl ist, von einer Lehrerin, die sich Sorgen um sie macht, darauf angesprochen zu werden. Anna versucht, in dem Moment, in dem sie Alexandra anspricht, sich in ihre Emotionen einzufühlen. Das schafft eine sichere Umgebung, in der ein echter Kontakt entstehen und Anna emotionale Nähe aufbauen kann. Aber sie lässt auch Alexandras »Ich« genug Raum: »Du kannst jederzeit mit mir sprechen, wenn du das willst.«

> Können Sie nun, nachdem Sie dieses Kapitel gelesen haben, darüber nachdenken, ob Sie bei einer Person in ihrem Umfeld auch schon einmal einer solchen komplexen Haltung begegnet sind? Können Sie diese mit einem der beschriebenen epistemischen Stile in Verbindung bringen? Können Sie sich vorstellen, was in dieser Situation hilfreich gewesen wäre? In Bezug worauf hätte diese Person gesehen werden wollen? Worüber hätten Sie mentalisieren können?

7.6 Zusammenfassung

In diesem Kapitel haben wir beschrieben, dass eine unzulängliche Entwicklung des epistemischen Vertrauens mit der Erfahrung von Unsicherheit in primären Beziehungen und mit Entwicklungsstörungen der Mentalisierungsfähigkeit Hand in Hand gehen. Vermeidend gebundene Menschen werden sich oft verschließen: epistemisches Misstrauen. Es kann sein, dass dieses Misstrauen in der Kindheit zweckmäßig war, weil das Umfeld schädlich war, doch bei heranwachsenden Jugendlichen und Erwachsenen ist es oft nicht mehr zweckmäßig, daran weiter festzuhalten. Ängstlich-ambivalent gebundene Personen stützen sich oft zu sehr auf eine einzige Bindungsperson und haben zu wenig »Ich«, zu wenig Autonomie entwickelt, um dieses Vertrauen auszusetzen, wenn es notwendig ist. Das macht sie für Verstrickungen in Abhängigkeitsbeziehungen anfällig. Sie sind fast allen anderen gegenüber erhöht epistemisch wachsam, aber gegenüber dieser einen Bindungsperson, die weiß, wie sie sie erreichen kann, epistemisch naiv. Desorganisiert gebundene Menschen sind oft zutiefst verwirrt und isoliert. Sie wagen weder sich selbst noch anderen zu vertrauen. Diese Lerndispositionen beeinflussen auch den Kontakt zu anderen. Oft wirken solche Menschen ziemlich rigide und verschlossen, während sicher gebundene Menschen mit einer gesunden Dosis epistemischen Vertrauens und epistemischer Wachsamkeit in ihrem Denken und Handeln anderen gegenüber flexibel und offen sind.

Im nächsten Kapitel gehen wir darauf ein, wie man sich selbst anderen gegenüber öffnen und mit anderen Kontakt herstellen kann, wobei wir das gesamte Wissen über Bindung, Mentalisierung und epistemisches Vertrauen aus den vorigen Kapiteln mit einbeziehen.

KAPITEL 8

Tipps zur Wiederherstellung eines effektiven Mentalisierens

Indem Sie in schwierigen Situationen, sowohl bei sich als auch bei anderen, das Mentalisieren wiederherstellen, können Sie Sicherheit schaffen und epistemisches Vertrauen erwecken. Mentalisieren ist die Grundlage für gute, unterstützende Beziehungen. Es ermöglicht uns, einander besser zu verstehen und aufeinander zuzugehen. Mentalisieren schafft Verbindung. Umgekehrt führt Nicht-Mentalisieren zu Frustration, Unverständnis, Reibungen und manchmal zu Einsamkeit. In den vorigen Kapiteln haben wir zahlreiche Beispiele geschildert, in denen Mentalisieren manchmal besser, manchmal weniger gut funktioniert hat. Jedes dieser Beispiele hat gezeigt, wie groß der Einfluss des Mentalisierens auf die Art des Kontakts und der Interaktion ist, die zustande kommt. Sicherlich kamen Ihnen einige Beispiele aus ihrem eigenen Leben bekannt vor. Vielleicht haben Sie sich an Momente erinnert, in denen Sie das Gefühl hatten, echten Kontakt zu Ihrem Partner/Ihrer Partnerin, einem Freund, einer Kollegin, Ihrem Kind ... zu haben. Und vielleicht haben Sie sich auch an Momente erinnert, in denen es nicht so gut funktioniert hat. Momente, in denen Sie auf einer ganz anderen Wellenlänge waren als einer ihrer Kollegen und sich vielleicht über ihn geärgert haben, oder Momente, in denen Sie in einen eskalierenden Streit oder im Gegenteil in ein peinliches Schweigen mit Ihrem Partner/Ihrer Partnerin verwickelt waren. Momente, in denen Sie Ihren Sohn oder Ihre Tochter nicht erreicht haben, oder Momente, in denen Ihnen ein:e Klient:in unter die Haut gegangen ist. Kurz gesagt, Momente, in denen Sie nicht die beste Version Ihrer selbst waren, nicht der Elternteil, Partner, die Kollegin oder Beraterin, die Sie wirklich sein wollen.

Bevor Sie weiterlesen, nehmen Sie sich einen Moment Zeit, um darüber nachzudenken, wie Sie die Lektüre dieses Buches zum Nachdenken gebracht hat. Hatte es Einfluss darauf, wie Sie sich selbst und andere betrachten? Etwa Situationen im Team, dem Sie angehören? Ihre Kinder? Ihre Beziehungen? Sich selbst?

Es ist schön, mentalisierend zu sein, aber vielleicht gelingt Ihnen das auch nicht immer in ausreichendem Maße. In diesem Kapitel geben wir Ihnen einige Werkzeuge an die Hand, mit denen Sie Ihr eigenes Mentalisieren und das anderer wiederbeleben können. Diese Tipps versorgen Sie leider nicht mit einem maßgeschneiderten Rezept, mit dem Sie jederzeit gut mentalisieren werden. Mentalisieren ist ein Such-, Abstimmungs- und Verstehensprozess, der uns manchmal besser und manchmal schlechter gelingt. Und bei dem wir dennoch immer auf der Suche bleiben.

8.1 Tipp 1: Nehmen Sie wahr, wenn Sie selbst weniger gut mentalisieren oder jemand anderes weniger gut mentalisiert

Mentalisieren wiederzubeleben, beginnt damit, einen möglichen Verlust dieses Vermögens wahrzunehmen. Wir haben in den vorangegangenen Kapiteln zahlreiche Beispiele dafür angeführt. Einen psychischen Äquivalenzmodus erkennen Sie an übermäßig absoluten Aussagen, an Schwarz-Weiß-Denken, zunehmender Spannung, übertriebenen Vorwürfen, Verdächtigungen und an Annahmen über das Denken anderer, die über ein vernünftiges Maß hinausgehen. Einen teleologischen Modus erkennen Sie an dem dringenden Bedürfnis nach körperlicher Aktion, dem Gefühl, etwas tun zu müssen. Der Als-ob-Modus ist an der inneren Leere, dem Desinteresse im Kontakt, an zu rationalen oder kognitiven Analysen und ziellosem Grübeln zu erkennen. Wie sich Defizite beim Mentalisieren tatsächlich äußern, ist unterschiedlich. Manchmal kann das daraus resultierende Verhalten sogar so angenehm sein, dass wir die Defizite leicht übersehen. So etwa in folgendem Beispiel:

Emma und Jonas

Es ist unruhig im Gruppenraum des Kindergartens. Sarah hat sich die Finger in der Tür eingeklemmt und weint laut. Die Erzieherin kümmert sich um Sarah: Sie holt Eis und versucht, sie zu trösten. Es entsteht ein bisschen Chaos. Jonas klettert auf eine Bank und springt mit großem Getöse wieder herunter. Einige andere Kinder folgen seinem Beispiel. Dann beginnt er einen imaginären Schwertkampf. Emma stellt sich leise neben die Erzieherin und streichelt Sarah ein paarmal über den Kopf. Als Sarah aufhört zu weinen, legt sie den Arm um sie und sagt zu ihr: »Komm mit, ich bleibe bei dir, wir können in Ruhe zusammen spielen.« Dann zieht sie eine Grimasse, die Sarah wieder zum Lächeln bringt.

Betrachten Sie dieses Beispiel. Wie interpretieren Sie Jonas' und Emmas Reaktionen auf den Tumult, der entstanden ist?

Zugegeben: Für die Ordnung im Kindergarten ist Emmas Verhalten viel hilfreicher als Jonas' Herumgehopse. Wenn wir also nur von dem Verhalten ausgehen, das beide an den Tag legen, ist die Versuchung groß, Emma als »beherzt« und Jonas als »ungezogen« zu bezeichnen. »Nimm dir nur ein Beispiel an Emma, Jonas, sie hilft der Erzieherin so gut!«

Und doch ... ihr Verhalten ist vielleicht unterschiedlich, doch sowohl Jonas als auch Emma sind über Sarahs Geschrei und die plötzliche Aufregung im Raum sehr erschrocken. Nur gehen sie mit diesem Schreck unterschiedlich um. Sie haben verschiedene Strategien, um mit ihren eigenen Emotionen in einer derart angespannten Situation umzugehen. Jonas wird hektisch und rebellisch, Emma sehr fürsorglich. Jonas reagiert seine Anspannung ab und achtet nicht darauf, welche Auswirkungen sein Verhalten auf die anderen Kinder und die Erzieherin hat. Vor lauter Schreck kann er nicht mehr richtig denken und sein eigenes Verhalten nicht mehr richtig regulieren. Aus derselben Schreckreaktion heraus kümmert sich Emma gerade mehr um die anderen. Dies könnte ihre Strategie sein, ihre eigenen Emotionen in den Griff zu bekommen. Indem sie sich ganz auf die Sorge um Sarah konzentriert, verliert sie möglicherweise die Fühlung zu ihrer eigenen Angst. Sie kümmert sich um andere und denkt nicht mehr darüber nach, was sie selbst braucht.

Wenn die Erzieherin kein Auge dafür hat, dass beide weniger mentalisieren – was in einer solchen Stresssituation natürlich leicht passieren kann –, und sich auf ihr eigenes Verhalten konzentriert, ist die Wahrscheinlichkeit groß, dass Jonas in die Schranken gewiesen und vielleicht bestraft wird, während Emma Lob und Anerkennung dafür erntet, dass sie so beherzt war. In beiden Fällen wird nicht kongruent gespiegelt. Jonas begegnet man vielleicht zornig, obwohl seine zugrunde liegenden Erfahrungen von Angst und Schrecken bestimmt sind. Emma wird möglicherweise einfach ignoriert, weil sie nicht stört, und auch ihre zugrunde liegende Erfahrung wird so vielleicht nicht erkannt.

Der Erzieherin können wir natürlich keinen besonderen Vorwurf machen, und es ist auch gar nicht so schlimm, wenn das hin und wieder passiert. Doch was, wenn die Erzieherin in anderen Situationen auch nur auf das Verhalten achtet? Wie groß ist dann die Wahrscheinlichkeit, dass Jonas ständig in seine Schranken gewiesen und bestraft wird? Und dass Emmas Emotionen immer wieder übersehen werden, weil sie so ruhig und beherzt ist?

> Wie würde es sich auf das Selbstbild von Jonas und Emma auswirken, wenn in erster Linie ihr Verhalten und nicht ihr mentaler Zustand gesehen wird? Wie würde sich das auf die Art auswirken, wie sie mit ihren Gefühlen umgehen?

Natürlich zeigt sich auch bei Erwachsenen, dass sie zu wenig mentalisieren, und auch bei ihnen wirken die Folgen davon manchmal positiv. Nehmen wir zum Beispiel die Geschichte von Jan und Saskia aus Kapitel 1 und geben ihr eine etwas andere Wendung.

Jan und Saskia

Jan und Saskia sind seit 12 Jahren zusammen. Letztes Jahr ist Jan mit einer Arbeitskollegin fremdgegangen. Jan und Saskia haben das gemeinsam gut überstanden. Ja mehr noch, Saskia hat es gar nicht allzu schwer genommen: »So etwas kann passieren, wenn man so lange zusammen ist. Das kommt bei den besten Paaren vor. Ich weiß, dass Jan mich sehr liebt, und ich liebe ihn. Ein solcher Vorfall muss die Beziehung nicht gefährden. Im Gegenteil, es ist gerade eine Chance, die eigene Beziehung zu stärken. Jan liebt mich, und ich liebe ihn, und das ist es, was zählt.«

Es könnte sein, dass diese Reaktion Saskias felsenfesten Glauben an die Stärke ihrer Beziehung widerspiegelt. Es könnte aber auch sein, dass sie nicht wirklich nachvollziehen kann, was dieser Vorfall für sie bedeutet hat (Als-ob-Modus). Ist ihre »positive« Reaktion dann angemessen? Wenn Saskia ihr eigenes Mentalisieren wiederherstellen will – in ihrem Fall: sich wieder mit dem, was sie selbst fühlt, in Kontakt treten will –, wird sie zuerst erkennen müssen, dass ihre besänftigende Reaktion etwas von den Emotionen, die sie bei diesem Vorfall erlebt, verbirgt und wegschiebt.

8.2 Tipp 2: Stellen Sie Ihr eigenes Mentalisieren wieder her

Effektives Mentalisieren ist ansteckend. Ineffektives Mentalisieren leider auch. Wenn Sie das Mentalisieren anderer wiederherstellen möchten, muss Ihr eigenes Mentalisieren in ausreichendem Maße intakt sein. Wenn Sie selbst zu angespannt, gereizt, besorgt, verängstigt oder wütend sind, stehen die Chancen, dass es Ihnen gelingt, zu einer hilfreichen, mentalisierenden Interaktion zu kommen, nicht besonders gut.

Yuri und Angela

Yuri ist 16 Jahre alt und durfte heute Abend zum ersten Mal in einen Club gehen. Er sollte um zwei Uhr nach Hause kommen, ist aber um halb drei immer noch nicht da. Seine Mutter Angela gerät zunehmend in Panik. Sie ist besorgt, verärgert und wütend. Jerôme, Yuris Vater, ist bereits schlafen gegangen. Als ihr Sohn um viertel vor drei nach Hause kommt, ist Angela völlig aufgelöst: »Wie kannst du mir das antun? Warum lässt du mich so im Ungewissen? Was in aller Welt geht in deinem Kopf vor?« Yuri verdreht die Augen: »Nun mal sachte! Ich hatte einen Platten und der Akku meines Handys war leer!«

Die Chancen, dass Angela in diesem Zustand mit Yuri zu einem produktiven Gespräch kommt, bei dem ihr Sohn Verständnis dafür gewinnt, welche Wirkung sein Verhalten auf seine Mutter hat, ist nicht groß. Dazu ist sie im Moment vielleicht zu aufgewühlt, was Yuris Defizit beim Mentalisieren noch verstärkt. Und allem Anschein nach wird Yuri etwas lakonisch, wenn er nicht mehr gut mentalisiert.

Wenn wir selbst nicht mehr gut mentalisieren, fangen wir oft an, Dinge zu tun, die nicht hilfreich sind. Jonas' Erzieherin könnte dann durch den Raum schreien, dass er sich sofort auf seinen Platz setzen soll, aber dieses Geschrei würde Jonas' Furcht nur noch verstärken. Ein Hausarzt stellt vielleicht doch noch eine Überweisung für eine weitere körperliche Untersuchung aus, auch wenn er sich sicher ist, dass dabei nichts herauskommen wird. Eine Beraterin vermeidet bestimmte Themen aus Angst vor der Reaktion des Klienten. Ein Mann macht zum x-ten Mal eine unangenehme Bemerkung über eine Angewohnheit seiner Partnerin, obwohl er weiß, dass sie darauf nur defensiv reagiert. Jemand versucht in einer Besprechung, seine Kolleg:innen immer wieder davon zu überzeugen, dass er recht hat, ohne andere Perspektiven zu berücksichtigen. Ein Sozialarbeiter sagt einer Klientin, wie sie sich »eigentlich« fühlt.

> Erkennen Sie bei sich selbst Momente, in denen es Ihnen mehr oder weniger gut gelingt zu mentalisieren? Wie erkennen Sie das bei sich selbst? Ziehen Sie sich in solchen Momenten stark zurück, gehen Sie in sich oder neigen Sie dazu, emotional zu reagieren oder in die Offensive zu gehen?

Es gibt verschiedene Möglichkeiten, das eigene Mentalisieren wiederherzustellen. Sie können Anspannung abbauen, indem Sie kurzzeitig aus der Situation gehen, bis zehn zählen oder sich anderweitig Ablenkung suchen. Angela hätte zum Beispiel sagen können, sie sei froh, dass Yuri zu Hause ist, aber nicht froh, dass er die vereinbarte Zeit nicht eingehalten hat, und sie hätte ihm vorschlagen können, am nächsten Tag gemeinsam darüber zu sprechen. So hätte sie vermieden, sich aus der Angst und dem Ärger, den sie momentan fühlt, in ein Gespräch zu verstricken, in dem Yuri ihr ohnehin nicht das geben kann, was sie braucht. Eine andere Möglichkeit, mit solchen komplexen Emotionen umzugehen, besteht darin, kurz jemanden anderen aufzusuchen – einen Partner, eine Freundin oder einen Kollegen – und dort Dampf abzulassen. Eine weitere Option könnte sein, bewusst innezuhalten und das eigene Denken zu verlangsamen, um keine voreiligen Schlüsse zu ziehen. Ein kleines Beispiel:

Katharina und Lore

Katharina hat eine neue Hose gekauft. Sie ist ein wenig unsicher, ob sie darin nicht zu dick aussieht. Sie macht ein Foto von sich und schickt es per App an ihre Freundin Lore: »Sehe ich in dieser Hose nicht zu dick aus? Keine fünf Sekunden später bekommt sie eine Antwort: »Oje, in dieser Hose hast du einen unglaublich fetten Hintern!« Katharina schluckt. Sie ist erschrocken über Lores brutale Antwort. Dann denkt sie kurz nach. So kennt sie Lore gar nicht. Die macht sich sonst nie schnell über sie lustig. Ganz im Gegenteil! Sie fragt: »War das ein Scherz?« »Klar, was hast du denn gedacht? Super Hose!«

Lores zweideutige Antwort führt dazu, dass Katharina einen Moment lang in ineffektives Mentalisieren verfällt. Doch sie fängt sich schnell wieder, als sie sich fragt: »Kenne ich das von Lore? Also wirklich nicht. Dann macht sie sich vielleicht über mich lustig.«

Das eigene Mentalisieren wiederherzustellen ist oft einfacher, wenn man zu viel fühlt, wie in Angelas Beispiel. Schwieriger wird es, wenn man zu wenig fühlt. Für Saskia geht es eher darum, wieder mit der emotionalen Bedeutung von Jans Fremdgehen in Kontakt zu kommen, als ihre eigene Anspannung zu verringern. Vielleicht sollte sie ihre Anspannung erst steigern, indem sie die Gefühle in Bezug auf diesen Vorfall zulässt. Sie könnte sich zum Beispiel mit einer Freundin darüber bereden. So könnte sie in Worte fassen, was ihr passiert ist und was es für sie bedeutet.

8.3 Tipp 3: Mentalisieren Sie laut

Gutes Mentalisieren wirkt, wie schon öfter erwähnt, ansteckend. Wenn Sie Ihr Mentalisieren wiederhergestellt haben, ist die Wahrscheinlichkeit größer, dass auch der andere effektiver mentalisieren kann. Was dabei hilfreich sein kann, ist, selbst laut zu mentalisieren: Sie werden also explizit, was Ihre eigene innere Welt angeht.

Chantal und Betty

Chantal ist eine Sozialarbeiterin. Sie besucht Betty seit einigen Monaten zu Hause, findet es aber schwierig, dass der Prozess so langsam vonstattengeht. Sie sieht, dass Betty sich selbst und ihre Kinder vernachlässigt. Immer wieder versucht Chantal, Ordnung im Chaos zu schaffen und Betty auf den richtigen Weg zu bringen, aber schon nach wenigen Tagen ist von ihren Bemühungen nichts mehr zu erkennen. Eigentlich hatte Chantal schon aufgegeben, aber sie versuchte, es sich nicht anmerken zu lassen. »Professionell« verbarg sie ihre Ohnmacht und ihren Ärger. Bis ihr bewusst wurde, dass sie so nicht in der Lage war, Betty zu helfen. Chantal erkannte, dass sie begonnen hatte, Betty zu sehr als »hoffnungslosen Fall« zu betrachten und damit weder sich selbst noch Betty, die sie unterstützen wollte, half. Sie suchte daher das Gespräch mit einer Kollegin, um eine bessere Vorstellung davon zu bekommen, was in ihrem Kontakt mit Betty eigentlich genau vor sich ging. Aufgrund dieses Gesprächs entschied sie sich, Betty gegenüber offen zu sein:

»Betty, als ich das letzte Mal hier wegging, habe ich gemerkt, dass ich mich einigermaßen machtlos gefühlt habe. Ich möchte dir sehr gerne helfen, und bei den Hausbesuchen habe ich das Gefühl, dass das auch funktioniert, aber es scheint schwierig, das durchzuhalten. Ich würde wirklich gerne verstehen, was zwischen den Hausbesuchen passiert und was es für dich so schwierig macht. Im Moment scheinen wir die Veränderung nicht zu erreichen, die wir uns beide so sehr wünschen. Ich merke, dass mich das frustriert, aber vielleicht frustriert es dich ja auch? Ich weiß auch, dass es nicht so ist, wie du es willst ...«

Wenn Chantal so auf Betty zugeht, besteht eine gute Chance, dass sie Betty zum Nachdenken anregt. Natürlich ist es dabei wichtig, so eine Botschaft nicht aus einem Vorwurf oder einer Verärgerung heraus zu formulieren, denn dann könnte sich Betty angegriffen fühlen. Wenn Chantal ihr Mentalisieren ausreichend wiederhergestellt hat und auf Bettys innere Welt abgestimmt ist, kann sie das, was sie an sich selbst bemerkt (Machtlosigkeit), nutzen, um ein Gespräch zu suchen. Wahrscheinlich fühlt sich Betty ebenfalls machtlos, und es ist genau dieses Gefühl, das sie davon abhält, zwischen Chantals Besuchen aktiv zu bleiben.

In Yuris und Angelas Beispiel (Tipp 2) könnte Angela das angekündigte Gespräch damit beginnen, zu schildern, wie besorgt und ängstlich sie war und wie unverständlich es für sie war, dass Yuri sich nicht bei ihr gemeldet hat. Sie könnte ihm auch sagen, dass sie ihn so nicht kenne und sie daher noch mehr in Panik geraten ist. Und Saskia könnte im Gespräch mit Jan oder mit einer Freundin von ihrer Verwunderung ausgehen, dass der ganze Vorfall sie scheinbar so wenig berührt.

Wie wäre es für Sie, im Kontakt mit einer anderen Person auf diese Weise offen über Ihre eigene Innenwelt zu sprechen? Fühlen Sie sich dabei verletzlich? Oder ist es angenehm für Sie?

Sie können sowohl über Ihre eigene Innenwelt als auch über die Innenwelt einer anderen Person laut mentalisieren. Im folgenden Beispiel nehmen wir für einen Moment an, Chantal habe das oben beschriebene Gespräch mit Betty noch nicht geführt.

Chantal und Betty sind miteinander verabredet, aber Betty öffnet die Tür nicht. Chantal weiß jedoch, dass sie zu Hause ist, und wartet geduldig. Daraufhin ruft Betty durchs Fenster: »Hau doch ab, ich brauche dein Gequatsche nicht!« Chantal berät sich mit einer Kolle-

gin und beschließt, in einer langen SMS einige Hypothesen darüber aufzustellen, warum Betty sie zurückgewiesen haben könnte.
»Betty, ich bin ein paar Mal vorbeigekommen, und bei der Gelegenheit hast du gesagt, du brauchst keinen Hausbesuch. Ich bin mir nicht ganz sicher, warum du mich lieber nicht sehen willst. Vielleicht habe ich bei unseren letzten Gesprächen etwas getan, was du sehr ärgerlich gefunden hast. Wenn ich über mich selbst nachdenke, erinnere ich mich, dass ich mich bei meinem letzten Besuch etwas hilflos gefühlt habe. Vielleicht ist dir das an mir aufgefallen und spielt mit eine Rolle. Vielleicht gibt es auch andere Gründe, warum du eine Zeit lang kein Bedürfnis nach einem Gespräch hast. Trotzdem würde ich mich freuen, wieder Kontakt mit dir zu haben. Ich hoffe, du nimmst dir etwas Zeit, um auf diese Nachricht zu reagieren. Liebe Grüße, Chantal.«

Chantal nimmt Betty »in mind«: Sie versucht, über Bettys Verhalten hinauszublicken und stellt ihr ihre Annahmen von der Situation – die ja auch nicht mehr als Annahmen sind – vor, um Betty ebenfalls zum Nachdenken über die Beweggründe für ihr Verhalten zu bringen. Es ist ziemlich wahrscheinlich, dass Betty selbst in diese Beweggründe wenig Einblick hat und nur spürt, dass sie auf Chantal keine Lust hat.

8.4 Tipp 4: Begrenzen Sie ineffektives Mentalisieren auf empathische Art

Manchmal kann man sein eigenes Mentalisieren und das der anderen erst dann wiederherstellen, wenn man das Verhalten, das Ausdruck von ineffektivem Mentalisieren ist, stoppt. Solange Jonas herumspringt, ist es für die Erzieherin schwierig, ihn zu erreichen und wieder zum Mentalisieren zu bringen. Ein anderes Beispiel:

Franz, Karel und Tim

Franz ist Lehrer für Holzarbeiten in der Sonderschule. Da geht es manchmal hoch her. Er kann nicht überall gleichzeitig sein, und so laufen die Dinge manchmal aus dem Ruder, bevor er es überhaupt merkt. Heute zum Beispiel waren sich Karel und Tim überhaupt nicht grün. Sie beschimpften sich mit den übelsten Ausdrücken. Franz weiß, dass man in solchen Momenten entschlossen handeln und Grenzen setzen muss. Er sagt laut und deutlich: »Karel und Tim, ihr haltet euch jetzt voneinander fern. Ich habe keine Ahnung, was euch so in Rage gebracht hat, aber ich verlange, dass ihr euch zuerst einmal trennt und euch beruhigt. Tim, du setzt dich hier zu Bert, Karel, du dort auf den Stuhl. Die anderen machen mit ihrer Arbeit weiter. In der letzten Viertelstunde werden wir alle besprechen, worum es hier eigentlich geht.«

Wir sind uns bewusst, dass eine solche Intervention nicht immer den gewünschten Effekt hat und viel von der Bindung abhängt, die Franz zu den beiden Jungs und der Klasse aufgebaut hat. Doch wir meinen: Gutes Mentalisieren bedeutet nicht, dass man jedes Verhalten einfach so durchgehen lässt. Manchmal muss man ein bestimmtes Verhalten erst einmal stoppen, bevor man dessen Bedeutung betrachten kann. Je stärker das Verhalten aus dem Ruder läuft, desto klarer und entschiedener müssen Grenzen gezogen werden. Wenn es noch möglich ist, ist es sinnvoll, diese Grenzen empathisch zu ziehen. Was bedeutet: Man lässt erkennen, dass einem durchaus bewusst ist, dass dieses Verhalten auch nur Ausdruck von etwas anderem ist und sinnvoll erscheint, wenn man dieses andere besser versteht. Wenn wir *empathisch Grenzen setzen,* stellen wir in dem Moment, in dem wir das Verhalten in die Schranken weisen, die Erlebniswelt in den Mittelpunkt. Wir zeigen mit unserer begrenzenden Intervention, dass wir nicht nur dem Verhalten einen Riegel vorschieben wollen, sondern auch verstehen, dass dieses Verhalten einen Grund hat.

Beate, Anna und Lotte

Anna und Lotte leben gemeinsam in einer Wohngruppe und haben heftige Auseinandersetzungen. Sie beschimpfen sich wüst und machen sich gegenseitig zur Schnecke. Betreuerin Beate schaltet sich ein: »Ich möchte, dass ihr sofort damit aufhört. Ich kann mir vorstellen, dass zwischen euch alles Mögliche vorgefallen ist, was euch dazu bringt, so miteinander umzugehen. Darüber möchte mit euch sprechen, damit wir besser verstehen können, warum ihr so heftig reagiert. Aber ihr müsst aufhören, euch derart verletzende Dinge an den Kopf zu werfen, sonst können wir so ein Gespräch nicht führen, und jede hier wird mit einem sehr schlechten Gefühl zurückbleiben.«

Beate setzt dem Verhalten Grenzen, verweist aber sofort auf die Erfahrungswelt, die hinter dem Verhalten steht: »Ich kann mir vorstellen, dass alle möglichen Dinge zwischen euch passiert sind, die euch dazu bringen, so aufeinander zu reagieren.« Sie kombiniert die Begrenzung des Verhaltens mit einer Konzentration auf dessen Bedeutung. Und sie macht deutlich, warum das Verhalten aufhören muss: »... *sonst können wir so ein Gespräch nicht führen, und jede hier wird mit einem sehr schlechten Gefühl zurückbleiben«*. Wenn jemand das Gefühl hat, dass die Gründe für sein störendes Verhalten gesehen werden, wird er sein Verhalten schneller reduzieren als jemand, der das Gefühl hat, mit seinem Verhalten gleichgesetzt zu werden. (»Was seid ihr nur für nervige Mädchen!«).

Empathisch Grenzen zu setzen, erfordert viel eigenes Mentalisierungsvermögen. Es erfordert – gerade in so hektischen Situationen wie bei Franz und Beate –, dass man entschieden genug ist und dennoch abgestimmt bleibt. Haben Sie dafür ein Beispiel?

In einer gleichberechtigteren Beziehung, zum Beispiel in einer Partnerbeziehung, sieht das empathische Grenzensetzen oft etwas anders aus. Nehmen wir folgendes Beispiel:

Jan und Saskia sprechen über den Vorfall. Während sie über das Geschehene nachdenken, werden die Emotionen immer heftiger. Saskia fängt an, Jan Vorwürfe zu machen, Jan ist sehr verärgert, weil sie ihn nur noch nach diesem Vorfall beurteilt. Sie schreien sich immer lauter an und hören sich nicht mehr zu. Saskia merkt, dass sie das nicht will, egal wie wütend sie ist. Sie sagt: »Lass uns das Gespräch für einen Moment unterbrechen. Ich bin jetzt zu wütend und merke, dass wir dann Dinge sagen, die uns nicht weiterhelfen. Lass uns noch einmal darüber reden, wenn wir uns ein bisschen beruhigt haben.«

Was Saskia hier tut, ähnelt im Wesentlichen dem, was Franz und Beate getan haben: In einem Zustand schlechten Mentalisierens stoppt sie das unproduktive Verhalten. Das ist notwendig, damit wieder Raum für gegenseitiges Verstehen geschaffen werden kann. Man beachte jedoch, dass Saskia dies nur gelingt, weil sie während des Streits erkennt, dass sie es so nicht will und es nicht hilfreich ist: Ihre Mentalisierung ist also bereits bis zu einem gewissen Grad schon wiederhergestellt, was ihr ermöglicht, Grenzen zu setzen.

8.5 Tipp 5: Gehen Sie auf andere mit einer mentalisierenden Grundhaltung zu

Eine mentalisierende Grundhaltung bedeutet – wir haben es in Kapitel 2 bereits thematisiert –, sowohl das Verhalten, das jemand zeigt, als auch die sich dahinter verbergenden Gefühle, Gedanken, Bedürfnisse und Erwartungen in den Blick zu nehmen. Jonas also nicht nur als ungezogenen Jungen zu sehen, weil er wild herumspringt, sondern als einen Jungen, der in dem Moment, in dem etwas Beängstigendes im Raum passiert, aus einem Gefühl der Angst heraus wild herumspringt. Emma nicht nur als beherztes Mädchen zu sehen, das der Lehrerin und Sarah hilft, sondern als ein Mädchen, das die Kontrolle zu behalten versucht, indem es sich auf andere konzentriert, vielleicht um ihre eigenen Angstgefühle wieder unter Kontrolle zu bekommen.

Wenn wir eine mentalisierende Grundhaltung einnehmen, sind wir wirklich neugierig auf die eigene innere Welt und die anderer: Wir möchten das eigene Verhalten und das anderer verstehen. Gleichzeitig erkennen wir aber, dass wir uns zwar alle möglichen Vorstellungen davon machen können, warum jemand das tut, was er tut, uns aber nie sicher sein können, die innere Welt eines anderen wirklich zu kennen. Wir ziehen nicht sofort Schlussfolgerungen. Kurz gesagt, wir sind uns unseres Wissens nicht sicher, möchten es aber sicher wissen.

> Erinnern Sie sich an eine Zeit, in der Sie sich unverstanden gefühlt haben, zum Beispiel in Ihrer Beziehung oder auf der Arbeit. Was gab Ihnen das Gefühl, unverstanden zu sein? Hatten Sie das Gefühl, dass der andere Ihnen wirklich zugehört hat? Hatten Sie das Gefühl, dass es Raum für Ihre Sicht der Dinge gab? Wie hat sich das in dieser Situation auf Sie ausgewirkt?
> Erinnern Sie sich auch an eine Situation, in der Sie sich verstanden gefühlt haben, in der Ihnen Raum gegeben wurde, um Ihre Sicht der Dinge zu schildern, in der Sie das Gefühl hatten, dass die andere Person wirklich versucht hat, Sie zu verstehen und wirklich an Ihren Gedanken, Gefühlen und Bedürfnissen interessiert war. Wie haben Sie sich dabei gefühlt?

Es ist unglaublich schön, wenn andere mit einer solchen Grundeinstellung an uns herantreten. Es gibt uns oft das Gefühl, dass wir wichtig sind, dass wir mit unseren Gefühlen und Gedanken da sein dürfen. Umgekehrt ist es oft ärgerlich, wenn wir das Gefühl haben, dass andere ihre Meinung über uns schon parat haben und kein Platz mehr für unsere eigene Geschichte ist.

Eine mentalisierende Grundhaltung beginnt mit der *Aufmerksamkeit für die innere Welt*. Dabei können Sie sich selbst helfen, indem Sie sich zum Beispiel einige Fragen stellen:

Warum sagt er oder sie das jetzt? Aus welchem Bedürfnis heraus?

Was berührt ihn oder sie?

Warum reagiert er oder sie auf diese Weise?

Was könnte ich dazu beigetragen haben, dass er oder sie sich jetzt so fühlt? Wie fühle ich mich dabei?

Ist etwas passiert, das ihn oder sie plötzlich so reagieren lässt?

Indem Sie sich solche Fragen stellen, lenken Sie Ihre Aufmerksamkeit nicht nur auf das Verhalten, sondern auch auf die dahinter stehende Erfahrung. Aus einer mentalisierenden Grundhaltung heraus lassen Sie sich dann auf ein Gespräch ein und stellen dem anderen offene Fragen. Manchmal ist es hilfreich, die eigene Sichtweise oder Meinung für einen Moment beiseitezuschieben und den Versuch zu unternehmen, die Situation ganz aus der Sicht des anderen zu verstehen: Was fühlt, denkt oder erlebt er oder sie gerade? Offene Fragen sind hilfreich, um sich ein besseres Bild davon zu machen.

Am einfachsten ist es, ein solches Gespräch mit Fragen zu Fakten und Ereignissen zu beginnen. Diese Fragen sind noch nicht unmittelbar mentalisierend und erfordern daher auch vom anderen wenig Mentalisierung: Was ist passiert? Was passiert gerade? In der Regel wird der andere beginnen, eine Geschichte zu erzählen, die auch Aspekte seiner inneren Welt enthalten kann. Diese Aspekte können Sie dann weiter hinterfragen. Zum Beispiel mit folgenden Fragen:

Was denken Sie, warum hat er oder sie so reagiert?

Was wollten Sie mit dieser Aussage erreichen?

Was hat Sie an dem, was Ihr Gegenüber gesagt hat, so sehr verärgert?

Was hat Sie so berührt?

Wie fanden Sie es, dass er oder sie so reagiert hat?

Oft sind Fragen nach den Gedanken oder Gründen für ein bestimmtes Verhalten leichter zu beantworten als Fragen nach den Gefühlen. Scheuen Sie sich nicht, so lange zu fragen, bis Sie sich wirklich vorstellen können, wie jemand denkt, fühlt oder eine Situation erlebt. Sie können sowohl auf das Erleben achten, das mit dem Ereignis verbunden ist, um das es geht, als auch darauf, wie es ist, davon zu erzählen.

Nikita und Dina

Nikita hängt nach dem Unterricht noch eine Zeit lang in der Klasse herum. Dina, ihre Klassenlehrerin, merkt, dass sie etwas erzählen möchte. Nikita beginnt zu weinen. Sie erzählt, dass sie Angst hat, nach Hause zu gehen. Wenn er trinkt, ist ihr Vater oft jähzornig. Dina schafft einen Raum, in dem Nikita etwas über ihren Vater und die Situation zu Hause erzählen kann, fragt sie aber auch, wie es für sie ist, das so zu erzählen. Denn indem sie dieses Geheimnis mit Dina teilt, entsteht auch in ihrem Kontakt eine aufregende Situation, die für Nikita emotional bedeutsam sein kann.

Wenn man auf solche Weise miteinander ins Gespräch kommt, können andere helfen, zu verstehen, wie einen ein bestimmtes Ereignis oder eine bestimmte Situation berührt hat und warum man darauf auf gewisse Weise reagiert hat. Natürlich können Heranwachsende und Erwachsene mehr darüber sagen als kleine Kinder. Bei Kindern kann man sich vor allem darauf konzentrieren, grundlegende Gefühle in einem bestimmten Kontext zu erkennen. Man sollte möglichst auch mit einem Kind laut nachdenken: »Hattest du eher Angst, als das passiert ist, oder warst du eher wütend?« Vielleicht begreift Jonas in einem solchen kleinen Nachgespräch sich selbst auch etwas besser: »Wenn Sarah so laut schreit, bekomme ich Angst und fange an, mich wild aufzuführen.« Wenn Jonas und die Menschen in seinem Umfeld diesen Zusammenhang erkennen, könnte sich das auch auf sein Selbstbild auswirken. Er ist dann kein ungezogenes Kind, sondern ein Kind, das sich wild aufführt, wenn es erschrickt.

Und zu guter Letzt ist es auch günstig, in einem Gespräch einen Blick für unterschiedliche Emotionen zu haben. Wut oder Ärger sind zum Beispiel Emotionen, die oft gemeinsam mit anderen Emotionen auftreten. Sie sind allerdings oft die Emotionen, die man primär erlebt, was bedeutet, dass man etwas mehr Zeit und Nachdenken braucht, um sich zum Beispiel in einem Gespräch mit einer anderen Person klarzumachen, dass man *auch* traurig oder enttäuscht ist.

> Versuchen Sie diese Woche ein Gespräch mit jemandem aus einer mentalisierenden Grundhaltung heraus zu führen. Ihr Ziel sollte dabei sein, sich durch interessierte, offene Fragen ein Bild von der Innenwelt des anderen zu machen.

8.6 Tipp 6: Bieten Sie anderen emotionale Unterstützung an

Gutes Mentalisieren geht oft verloren, wenn (schmerzhafte) Emotionen im Spiel sind. Diese Emotionen erlebt man womöglich zu intensiv oder zu real (psychischer Äquivalenzmodus: was ich fühle und denke, ist wahr) oder man entkoppelt sich von seinen Emotionen (Als-ob-Modus: man fühlt sich leer, öde und losgelöst). Sich erneut diesen Gefühlen zu stellen und sich damit zu befassen, ist nicht immer leicht.

Vor allem, wenn man sich häufiger unbeachtet und unverstanden gefühlt hat oder emotional aufgewühlt war, kann das sehr belastend sein. Dann ist es gut, wenn jemand einen darin unterstützt und sagt: *Was du fühlst, darf da sein.* Oft findet sich diese Unterstützung in ganz alltäglichen Worten und Sätzen (»Oh, was für ein Mist!« oder: »Das war sicher sehr ärgerlich für dich!« oder: »Puh, ich kann mir vorstellen, dass dich das genervt hat!«).

Es sind viele Alltagssituationen vorstellbar, die viel einfacher verlaufen würden, wenn sich jemand in einer bestimmten Erfahrung gesehen und unterstützt fühlen würde. Ein einfaches Beispiel aus der Corona-Zeit:

Ein Supermarktkunde schimpft wütend bei einer Kassiererin, weil kein Toilettenpapier mehr da ist. Noch ein wütender Kunde ist gerade das, war ihr noch gefehlt hat, denn sie ist nach einem harten Arbeitstag müde und kann auch nichts dagegen tun, dass die Leute hamstern. Trotzdem schafft sie es, ruhig zu bleiben: »Ich verstehe, dass Sie das sehr ärgert. Ich verstehe Ihren Frust, denn ich ärgere mich auch über all diese Hamsterer. Es tut mir leid, dass ich Ihnen jetzt nicht helfen kann, aber normalerweise ist morgen wieder genug vorrätig, und dann sehe ich Sie hoffentlich mit einer Packung Toilettenpapier an der Kasse wieder!« Der Kunde fühlt sich gesehen und in seiner Frustration bestätigt, was seinen Ärger etwas abmildert. Er lächelt ein wenig und sagt zur Kassiererin, dass er verstehe, dass sie auch nichts dagegen tun kann, aber dass ihm gerade eben einfach alles zu viel war.

Unterstützung zu bieten bedeutet, die emotionale Erfahrung einer Person anzuerkennen und zu *validieren*. Validieren heißt: einem anderen Menschen zu signalisieren, dass diese Emotion da sein darf, dass sie in diesem Kontext normal ist und dass es begreiflich ist, wie sich diese Situation auf den anderen auswirkt. Bedenken Sie jedoch, dass Sie die Erfahrung oder das Erleben eines anderen auch tatsächlich verstehen sollten, um sie gut zu validieren. Validieren bedeutet nicht, einfach zu jemandem zu sagen, dass etwas unangenehm oder ärgerlich ist. Dazu gehört, sich in ausreichendem Maß in die Situation eines anderen versetzen zu können, von dieser Warte aus seine Emotionen und Erfahrungen wirklich zu verstehen und von diesem Verständnis her Normalisierung und Unterstützung bieten zu können. Wir haben in Kapitel 1 ein Beispiel dafür gegeben. Denise war wütend geworden, weil sie das Gefühl hatte, von ihrer Gruppe ausgeschlossen zu werden:

> Nachdem er den Vorfall in der Klasse beobachtet hatte, hat Bernd mit Denise gesprochen. Sobald Bernd einen guten Einblick in Denises innere Welt hatte, versuchte er, sie durch empathische Bestätigung zu spiegeln: »Das klingt sehr traurig, so als hättest du dich wirklich bemüht, dein Bestes zu geben, und als andere das scheinbar nicht so gesehen haben, war das sehr schmerzlich für dich. Ich verstehe jetzt, dass du einen Moment lang in der Klemme gesessen und keinen anderen Ausweg mehr gesehen hast, als wütend zu werden.«

Bernd beschreibt explizit den Kontext (andere sehen nicht, dass Denise sich bemüht, ihr Bestes zu geben), Denises Erfahrung (in der Klemme sitzen, schmerzlich, traurig) und die Wirkung auf sie (wütend werden). Dadurch fühlte sich Denise gesehen und gehört, und es entstand eine Offenheit dafür, ihre Klassenkameraden und Bernd auf eine andere Weise zu betrachten (epistemisches Vertrauen). Dadurch konnte sich die Qualität der Beziehung zwischen Bernd und Denise, aber auch zwischen Denise und ihren Mitschüler:innen verbessern.

> Um Unterstützung zu bieten, kann es manchmal hilfreich sein, herauszufinden, was oder wie jemand gerne gesehen werden möchte. Wie würde diese:r eine schwierige Schüler:in, Klient:in oder Kolleg:in gerne gesehen werden? Worin möchte Ihr Partner/Ihre Partnerin gerne anerkannt werden?

8.7 Tipp 7: Übernehmen Sie die Führung, um einem anderen zu helfen, mit Anspannungen umzugehen

Wenn die Anspannung wirklich hoch ist, müssen Sie manchmal aktiv die Führung übernehmen, damit die Situation nicht völlig aus dem Ruder läuft. Kehren wir kurz zu dem Beispiel von Tim und Karel zurück:

Franz, Karel und Tim

Franz ist es gelungen, die Gemüter zu beruhigen, obwohl er spürt, dass zwischen Tim und Karel immer noch eine feindselige Atmosphäre herrscht. Er fragt sich einen Moment lang, ob er die Sache auf sich beruhen lassen soll, denkt dann aber, dass sich das gleiche Szenario schon bald sehr wahrscheinlich wiederholen wird. Er beschließt, alle Schüler:innen der Klasse zusammenzurufen. Er ist froh, dass wieder etwas Ruhe eingekehrt ist, merkt aber, dass die Anspannung noch immer in der Luft liegt: »Ich möchte mit euch besprechen, wieso es vorhin so schiefgelaufen ist. Gibt es jemanden, der erzählen möchte, was los war?« Tim meldet sich sofort zu Wort: »Karel sollte einfach öfter die Klappe halten.«

Wie soll es jetzt weitergehen? Franz muss Führungsqualität beweisen. Wenn er dem Gespräch jetzt seinen Lauf lässt, werden Tim und Karel und vielleicht auch der Rest der Klasse weiterhin schlecht mentalisieren, und in kürzester Zeit wieder aufeinander losgehen. Franz wird dem Verhalten zunächst Grenzen setzen müssen. Dann kann er die Technik, »Anhalten, zurücktreten, erkunden« anwenden. Diese Technik hilft, bei heftigen Spannungen zu dem Moment zurückzukehren, an dem die Spannungen noch nicht so stark waren und das Mentalisieren noch einigermaßen effektiv war.

Franz schaltet sich sofort ein: »Ich möchte, dass sich jetzt alle an die Vereinbarungen halten. Wir haben jetzt eine Viertelstunde Zeit, in der ich von allen verlange, dass sich alle möglichst bemühen, die anderen nicht zu beschimpfen und ihnen wirklich zuzuhören, damit wir das Problem lösen können. Tim und Karel, als ihr ins Klassenzimmer gekommen seid, habe ich gesehen, dass ihr noch miteinander gelacht habt. Da schien alles noch in Ordnung zu sein. Wann hat sich das geändert? In welchem Moment ist die Spannung zwischen euch entstanden?« Franz versucht, den Beginn der Eskalation genau zu bestimmen: Es lief alles gut zwischen euch, dann passierte etwas und das war schließlich der Auslöser für den Streit. Frank, der Zeuge war, sagt: »Ich glaube, Tim war dabei, seine Tischplatte zu schmirgeln, und Karel hat etwas darüber gesagt. Dann ist die Sache aus dem Ruder gelaufen.« Franz greift das auf: »Frank, du denkst also, der direkte Anlass war Karels Bemerkung Tim gegenüber. Stimmt das, Tim, war das der Moment, in dem alles anfing, aus dem Ruder zu laufen?« Tim antwortet: »Er musste mal wieder sagen, dass er alles besser kann.« Franz spiegelt: »Du warst dabei zu schmirgeln, und dann sagte Karel etwas, was du als sehr nervig empfunden hast, stimmt das?« Tim nickt. »Was genau hat dich an dem, was er gesagt hat, so genervt? Tim antwortet: »Er hat es in einem so arroganten Ton gesagt, als ob er es besser wüsste.« Karel verteidigt sich heftig: »Das ist nicht wahr, du Lügner!«

So weit, so gut. Oder zumindest fast. Das »Anhalten, zurücktreten, erkunden« macht es möglich, mit der Regulierung der Spannung zu beginnen. Ganz allmählich entsteht so etwas wie ein Überblick über den Kontext, in dem Tim gekränkt wurde. Wir bekommen eine Vorstellung von seinem Erleben: Offenbar fühlte er sich von einer von Karels Bemerkungen verletzt und möglicherweise übel angegriffen. Es wird allerdings auch deutlich, dass die Situation immer noch leicht entflammbar ist. Karel reagiert noch immer gereizt auf Tims Interpretation seiner Bemerkung. Doch die Spannung ist nicht mehr so extrem hoch wie am Anfang. Franz kann hier die Technik »Anhalten, zuhören und beobachten« anwenden: Er verlangsamt das Gespräch und hält inne, indem er sich auf diesen Übergang fokussiert.

Franz mischt sich wieder ein: »Hey, Karel, warte doch mal. Warum sagst du das jetzt so? Warum reagierst du so heftig?« Um zu vermeiden, dass die Interaktion zwischen Tim und Karel, die schon wieder in etwas ruhigeren Bahnen verläuft, wieder eskaliert, bezieht Franz sich auf die Interaktion, die im Hier und Jetzt stattfindet. Karel antwortet: »Tim sagte, ich sei arrogant gewesen, aber das stimmt gar nicht. Ich habe gesehen, dass er das falsche Schmirgelpapier verwendet hat und wollte ihm einen Tipp geben.« Franz unterstützt ihn: »Okay, du reagierst so, weil du es ungerecht findest, dass Tim deinen Tonfall als arrogant bezeichnet hat. Wenn ich dich richtig verstehe, wolltest du ihm einen Tipp geben. Doch von Tim höre ich, dass er diese Bemerkung nicht als Unterstützung empfunden hat, sondern als das Gegenteil davon. Offensichtlich ist da etwas zwischen euch schiefgelaufen. Wie kam Karels Tipp bei dir an, Tim?«

Franz versucht hier, die Interaktion festzuhalten, dem Erleben beider Protagonisten Aufmerksamkeit zu schenken, die anderen in der Klasse mit einzubeziehen und Schritt für Schritt zu rekonstruieren, was schiefgelaufen ist und noch schiefläuft, indem er die verschiedenen Wendungen, die sowohl der Konflikt als auch die Diskussion genommen hat, aufgreift und näher untersucht. Er verlangsamt und versucht, das Erleben der beiden in der Interaktion unter die Lupe zu nehmen. Zunächst fokussiert er sich darauf, Tims und Karels Mentalisieren über ihre eigenen inneren Zustände wiederherzustellen. Erst danach kann er sie auch dazu bewegen, Verständnis für die Absichten des anderen aufzubringen. Er validiert und unterstützt das Erleben der beiden. Nimmt die Spannung zwischen den Jungen zu, unterbricht er die Interaktion sofort und lenkt ihre Aufmerksamkeit darauf, was sich im Hier und Jetzt zwischen ihnen abspielt.

Es ist sicher nicht jeder Lehrkraft angenehm, das so in der Klasse zu besprechen. Wir möchten nur illustrieren, wie aufkommende Spannungen mentalisierend angegangen werden können. Im Beispiel von Franz mag dies vielleicht äußerste Bemühungen und Abstimmung erfordern, weil die Spannung zwischen den Jungen schnell zu eskalieren droht. Aber auch in vielen anderen Situationen lässt sich diese Technik anwenden, um einem bestimmten Verhalten empathisch eine Grenze zu setzen, zu verlangsamen und die Aufmerksamkeit auf das zugrunde liegende Erleben zu richten.

8.8 Tipp 8: Validieren Sie die Erfahrung einer Person im psychischen Äquivalenzmodus, sodass Raum für andere Perspektiven entsteht

Im psychischen Äquivalenzmodus ist *meine* Wahrheit *die* Wahrheit: Was ich denke und fühle, ist wahr. Signalwörter sind: immer, nie, jeder, niemand usw. Eine Person in diesem Modus weckt bei anderen oft unangenehme Gefühle wie Frustration, Verärgerung, Wut und Ohnmacht. Wir tendieren dazu, solche Menschen überzeugen zu wollen und mit ihnen zu streiten. Oder wir beginnen, wie auf Eierschalen zu laufen, weil wir merken, dass der andere es nicht erträgt, dass wir anderer Meinung sind als er.

Denken Sie kurz an Chantal und Betty zurück. Chantal merkt, dass Betty nicht mehr daran glaubt, ihr Leben in Ordnung zu bringen, und eigentlich die Hoffnung aufgegeben hat. Sie könnte nun versuchen, sie zu überzeugen: »Du kannst es wirklich schaffen, du hattest dein Leben doch auch früher geregelt, oder nicht? Du hast so viele Talente!« Welche Wirkung hätte das auf Betty? Vielleicht würde sie nur denken: »Ja, aber damals war die Situation anders. Jetzt schaffe ich es wirklich nicht.«

Wenn jemand im psychisch äquivalenten Modus ist (Betty: »Ich bin hoffnungslos und es hat keinen Sinn, es weiter zu versuchen, weil es sowieso immer schiefgehen wird«), dann ist es zunächst wichtig, daran anzuknüpfen, wie der andere die Realität erfährt. Dabei nutzt man die mentalisierende Grundhaltung. Man stellt Fragen, hört zu, unterstützt und validiert. Man versucht die Sichtweise der anderen Person zu erfassen, um zu verstehen, wie sie denkt, fühlt und sieht. Man validiert empathisch und spiegelt so, wie man sie versteht. Auf diese Weise aktiviert man auch eine Art epistemisches Vertrauen: »Hey, sie scheint mich wirklich zu verstehen.« Von diesem Punkt aus kann man allmählich Neugierde wecken, um den Versuch zu unternehmen, die Person Distanz zu ihrer eigenen Erfahrung gewinnen zu lassen: »Ich frage mich, wie du zu dem Schluss gekommen bist, dass das alles sowieso keinen Sinn macht?« Oder: »Ich merke, dass ich das doch etwas anders sehe.«

Chantal kann im Gespräch mit Betty zum Beispiel deren unangenehmen Zustand der Machtlosigkeit validieren: »Ich kann mir vorstellen, dass es sehr unangenehm ist, immer die Vorstellung zu haben, dass es sowieso keinen Unterschied macht, ob du dich anstrengst oder nicht. Ich verstehe, dass man mit diesem Gefühl die Dinge auch schneller schleifen lässt. Und weil man die Dinge schleifen lässt, verstärkt das wahrscheinlich das Gefühl, machtlos zu sein. Ich frage mich nur, wie du zu diesem Schluss, dass es überhaupt keinen Sinn macht, gekommen bist, Betty?« Oder sie könnte sagen: »Ich verstehe jetzt besser, warum du dich oft nicht dazu durchringen kannst, mit etwas anzufangen, Betty. Trotzdem frage ich mich, ob deine Annahme, dass das alles sowieso nichts ändert, richtig ist und ob du mit deiner Resignation nicht vor allem dein Gefühl, machtlos zu sein, bestätigst. Ich weiß, dass es Zeiten gab, in denen du dich viel besser motivieren konntest. Daher denke ich nicht, dass du es nicht kannst. Es gelingt dir nur seit einer Weile nicht mehr, und vielleicht müssen wir gemeinsam versuchen zu verstehen, was sich dahinter verbirgt.«

8.9 Tipp 9: Gehen Sie bei einer Person im teleologischen Modus auf die Suche nach dem zugrunde liegenden Bedürfnis

In einem teleologischen Modus kann jemand etwas »Mentales« oder »Emotionales« nur dann empfinden, wenn etwas Konkretes getan wird. Denken Sie an Lisa und die Betreuerin in der Kindertagesstätte aus Kapitel 3 zurück. Lisa verlangte täglich einen detaillierten schriftlichen Bericht, damit sie sicher sein konnte, dass ihre kleine Tochter gut betreut wurde. Ein mündlicher Bericht genügte ihr nicht. Der Versuch, Lisa davon zu überzeugen, dass die Betreuerinnen sich gut um Hannah kümmern würden, hätte sogar nach hinten losgehen können. Im teleologischen Modus ist nur das, was man sehen kann, real. Ein Appell, der anderen gegenüber formuliert wird, wird von diesen anderen oft als sehr drängend empfunden. Sie fühlen sich manipuliert, unter Druck gesetzt, machtlos oder wütend. Doch Lisa hat womöglich gar nicht die Absicht, manipulativ zu sein. Ihre Forderung ist von ihrem Erleben her durchaus nachvollziehbar: Wenn man den Betreuerinnen seines Kindes nur dann vertrauen kann, wenn sie ausführlich Bericht erstatten, ist es sehr bedrohlich und beängstigend, wenn sie das nicht tun. Bedeutet das, dass sich die Betreuerinnen in diesem Beispiel besonders bemühen sollten, Lisa Bericht zu erstatten? Nein. Denn es ist eine Illusion, zu glauben, dass man den zugrunde liegenden Erfahrungen gerecht würde, wenn man dem Appell nachkäme. Was Lisa braucht, ist Verständnis und Validierung ihres Bedürfnisses. Warum ist es für sie so wichtig, dass alles im Notizbuch steht? Wenn wir das gut verstehen, wenn wir ihr Bedürfnis verstehen, dann werden wir auch besser verstehen, warum sie über das Ausbleiben der Aufzeichnungen so aufgebracht ist. Dann können wir ihr Bedürfnis auch besser validieren, was Lisa das Gefühl gibt, anerkannt zu werden. Diese Anerkennung, das Gefühl, in einem Aspekt, der für sie von »lebenswichtiger« Bedeutung ist, wirklich gesehen zu werden, kann sogar mehr Vertrauen schaffen als die schriftlichen Berichte.

Lisa und Dana

Lisa ist erneut verzweifelt, als wieder einmal nur ein kurzer Bericht geschrieben wurde. Dana, eine der Betreuerinnen, spricht mit ihr: »Weißt du, Lisa, ich höre oft, dass du einen ausführlichen Bericht verlangst, und ich würde wirklich gerne mit dir darüber nachdenken, wie wir dem bei all dem Trubel entsprechen können, aber ich glaube, ich verstehe noch nicht so ganz, warum dir das so wichtig ist?« Lisa überlegt einen Moment: »Ich möchte einfach sicherstellen, dass Hannah gut versorgt ist, und wenn ihr das nicht notiert, kann ich mir dessen nicht sicher sein.« Lisa beschreibt, wie es für sie ist, Hannah in die Kindertagesstätte zu bringen. Sie hat große Angst davor, Hannahs Versorgung aus der Hand zu geben und darauf zu vertrauen, dass andere das genauso gut erledigen wie sie. Dadurch beginnt Dana, sie besser zu verstehen. Anschließend spiegelt Dana Lisas Bedürfnis: »Natürlich verstehe ich deine Sorge, ob wir uns gut um Hannah kümmern. Darüber würde ich mir als Mutter auch viele Gedanken machen. Es ist immer sehr aufregend, sein Kind in fremde Hände zu geben, vor allem, wenn man nicht genau weiß, wie dort für es gesorgt wird. Aber ich kann dir wirklich versichern, dass Hannah hier in guten Händen ist. Wenn du es möchtest, kannst du auch einmal etwas länger dableiben und dir ein Bild davon machen, wie wir uns hier um die Kinder kümmern.«

Dana versucht, mit dem Bedürfnis, das hinter der Bitte um einen schriftlichen Bericht steht, in Kontakt zu kommen. Lisa hat vielleicht eher ein Bedürfnis, beruhigt zu werden. Wenn Dana dieses Bedürfnis validiert, verringert sich damit die Notwendigkeit greifbarer Maßnahmen.

Kennen Sie in Ihrem persönlichen oder beruflichen Leben eine Person, die sich im teleologischen Modus befindet? Wenn Sie darüber nachdenken, was könnte das Bedürfnis hinter der drängenden Forderung dieser Person sein?

8.10 Tipp 10: Suchen Sie bei einer Person im Als-ob-Modus Kontakt zu den Emotionen

Im Als-ob-Modus sind Worte und Gefühle voneinander entkoppelt. Menschen sprechen »über« sich selbst, nicht »von« sich selbst. Sie erzählen Geschichten, ohne mit deren emotionaler Bedeutung wirklich in Kontakt zu treten. Manchmal fühlen sie sich dabei auch öde und leer. Denken Sie an Karen aus Kapitel 3, die mit ihrer Teamleiterin Melanie über alles Mögliche spricht, während Melanie sich eigentlich Sorgen um sie macht und denkt, dass Karen sich sehr schlecht fühlt. Irgendetwas geschieht, wodurch Melanie keine Antwort auf ihre Frage bekommt und vielleicht sogar vergisst, warum sie das Gespräch überhaupt gesucht hat. Wenn sich eine Person im Als-ob-Modus befindet, verliert man als Gesprächspartner:in oft irgendwie den Faden. Das Gespräch ist nicht wirklich spannend und man neigt dazu, sich ein bisschen zu langweilen. Es kommt oft zu einem oberflächlichen Gespräch, bei dem es nicht wirklich um etwas Wichtiges geht.

Den Als-ob-Modus zu erkennen, ist nicht immer leicht. Es ist schwierig, sich in einem Gespräch mit jemandem, der sich in diesem Modus befindet, nicht mitziehen zu lassen. Manchmal hört es sich auch so an, als hätte jemand gut nachgedacht. Im Als-ob-Modus ist die Spannung eigentlich zu gering. Man muss die Spannung also erhöhen, wenn man wirklich Fühlung zu jemandem bekommen will. Nachzuhaken und sich auf die Gefühle (oder deren Fehlen) im Hier und Jetzt zu fokussieren, helfen dabei. Man muss sich in das Gespräch fast wie ein Pitbull verbeißen.

Karen und Melanie

Melanie bemerkt, dass Karen abschweift. Sie hat sich Sorgen um Karen gemacht, und nun merkt sie selbst, dass sie sich mit ihr verplaudert. Sie sagt: »Karen, können wir hier mal kurz einen Schnitt machen? Ich habe mir Sorgen um dich gemacht, und jetzt, wo wir so reden, merke ich, dass ich immer noch nicht weiß, wie es dir eigentlich geht. Du scheinst ein bisschen drum herumzureden. Ich würde wirklich gerne wissen, wie du dich fühlst.« Karen ist erschrocken, ihre Augen werden sofort rot. Melanie beruhigt sie: »Ich will dich wirklich nicht traurig machen, Karen, aber ich mache mir einfach Sorgen um dich.« Karen sagt: »Ich weiß eigentlich selbst nicht so recht, wie es mir geht, und das macht mir Angst.«

Melanie hält Karen im übertragenen Sinne fest: Sie unterbricht das ziellose Geplauder und nutzt ihre Beobachtungen, um zu ihren Emotionen vorzudringen. Das hilft Karen für einen Moment aus ihrem Als-ob-Modus heraus. Sich kurz wieder mit sich selbst zu verbinden, ist für Karen schmerzhaft, beängstigend oder traurig: Schließlich gibt es einen Grund, warum sie entkoppelt ist. Da ist Unterstützung oft sehr willkommen.

8.11 Zusammenfassung

In diesem Kapitel haben wir zehn Tipps gegeben, um das Mentalisieren wiederherzustellen und so echten Kontakt zu ermöglichen, in dem jemand wieder epistemisches Vertrauen fassen kann. Diese zehn Tipps sind jedoch kein Rezeptbuch und auch keine Zusammenstellung von Fähigkeiten, die man sich im Handumdrehen aneignen könnte. Effektives Mentalisieren ist eine Grundhaltung, und daher ist der fünfte Tipp vielleicht der wichtigste. Wenn es uns gelingt, ein wenig mehr aus einer mentalisierenden Grundhaltung heraus aufeinander zuzugehen, wird sich das zweifellos positiv auf die Art und Weise und die Qualität unserer Interaktionen auswirken.

> Vielleicht sollten Sie das vorangegangene Kapitel eine Weile auf sich wirken lassen. Was nehmen Sie im Moment daraus für sich mit?

KAPITEL 9

Zusammen an einer mentalisierenden Umgebung arbeiten

Wir alle sind Teil eines sozialen Netzes oder Systems, oft sogar verschiedener Systeme, je nachdem, welche Rolle wir einnehmen. Wir sind Eltern, Kinder, Partner:innen, Arbeitnehmer:innen, Kolleg:innen und so weiter. Im weitesten Sinne könnte man sagen, dass wir Teil verschiedener Teams sind. Schließlich müssen wir oft als Team zusammenarbeiten, z. B. wenn wir Kinder erziehen, eine Auftragsarbeit erledigen, junge Menschen unterrichten oder Klient:innen unterstützen. Die Zusammenarbeit in Teams ist jedoch komplex. Menschen sind unterschiedlich und haben in der Regel verschiedene Ansichten darüber, was die richtige Vorgehensweise ist. Jede:r hat andere Werte und Normen sowie einen eigenen Stil, auf etwas zu reagieren. Manchmal machen unterschiedliche Menschen unterschiedliche Erfahrungen mit ein und derselben Person. Ein Teammitglied kann mit einem Kollegen ganz anderen Kontakt haben als ein anderes. Oder nehmen Sie ein Kind, das einen Elternteil auf ein Podest stellt, während es den anderen ständig zurückweist, sodass beide Elternteile unterschiedliche Erfahrungen mit ihrem Kind machen. Das kann zu Reibungen führen. Mentalisieren im Team – sei es in einem Team von Eltern, Lehrer:innen, Therapeut:innen oder in irgendeinem anderen Team – kann dadurch immer wieder unter Druck geraten.

Das führt manchmal zu Dilemmata, denn Menschen brauchen solche Teams dringend, um eine mentalisierende Grundhaltung zu wahren oder wiederherzustellen. Wir schaffen es ja nicht immer, unser Mentalisieren selbst wiederherzustellen. Manchmal gehen uns Kinder, Schüler:innen, Kolleg:innen oder andere Menschen so nahe oder treffen einen derart wunden Punkt bei uns, dass es uns schwerfällt, unsere

Fähigkeit zu mentalisieren aus eigener Kraft wiederherzustellen. Dann brauchen wir andere, die vielleicht mehr Abstand haben, weniger betroffen sind oder eine andere Perspektive haben. Das haben wir auch in den vorangegangenen Kapiteln gesehen. Nehmen Sie beispielsweise Erik aus Kapitel 2, der nach einem kurzen Gespräch mit Rieke allmählich begreift, warum Tom ihn so berührt. Es ist daher wichtig, dass wir nicht nur um unsere Kinder, Schüler:innen und Klient:innen herum ein mentalisierendes Umfeld schaffen, sondern auch um die beteiligten Eltern, Lehrer:innen und Berater:innen. Erst wenn diese ihr Mentalisieren wiederhergestellt haben, können sie anderen helfen. In diesem Kapitel geht es daher um die Bedeutung von Kolleg:innen, Partner:innen und anderen nahestehenden Personen bei der Schaffung und Wahrung eines mentalisierenden Umfelds.

Denken Sie an die Teams, denen Sie angehören. In welchen fühlen Sie sich wohl, in welchen vielleicht weniger? Welche Teams helfen Ihnen, mit Ihren Kindern, Schüler:innen, Klient:innen in Kontakt zu kommen? Welche Teams erschweren dies vielleicht?

9.1 Probleme in der Zusammenarbeit

Wenn ein Team nicht als Team funktioniert, kann das zu verschiedenen Problemen führen. *Spaltung* ist eines davon. Zu einer Spaltung kommt es häufig, wenn die Spannungen zunehmen. Das Team wird in zwei oder mehr Teile zerrissen: Es gibt unüberbrückbare Meinungsverschiedenheiten, die bald zu einem ungleichgewichtigen und inkonsequenten Vorgehen führen. Zwischen Eltern ist dies manchmal am offensichtlichsten: Vater und Mutter haben unterschiedliche Ansichten über die Erziehung. Wenn sie nicht am gleichen Strang ziehen, wirkt sich das auch auf die Kinder aus. Dann spielen die Kinder die Eltern beispielsweise gegeneinander aus oder machen deutlich, dass sie einen Elternteil dem anderen vorziehen. Eine Scheidung kann sicherlich für eine solche ungünstige Erziehungssituation sorgen.

Sylvia und Marcel

Sylvia und Marcel sind schon seit einiger Zeit voneinander getrennt. Sie haben teilweise unterschiedliche Ansichten über die Erziehung ihrer Tochter Frederique. Marcel ist etwas liberaler als Sylvia. Diese Meinungsverschiedenheiten spielten sich schon seit einiger Zeit im Hintergrund ab, führten aber nie wirklich zu offenen Diskussionen. Doch jetzt, da Frederique einen Freund hat, kommt es zu Reibereien. Marcel erlaubt ihrem Freund, bei ihr zu übernachten, doch Sylvia meint, sie sei zu jung dafür. Daraufhin lädt Frederique ihren Freund zu ihrem Vater nach Hause ein. Ihre Mutter hat dort dazu sowieso nichts zu sagen.

Ein anderes häufiges Problem besteht darin, dass in einem Team einige Meinungen zu dominant werden und andere untergehen. Dadurch gehen potenziell wertvolle Erkenntnisse verloren. So etwas passiert auch in Eriks Lehrer:innenteam. Dominante Stimmen betonen, dass man bei problematischen Jugendlichen in der Schule streng und energisch sein muss, sodass wenig Raum für einen anderen Ansatz bleibt.

Normalerweise treten diese Prozesse auf, wenn (1) starke Emotionen im Spiel sind und (2) die Rahmenbedingungen und Vereinbarungen nicht ganz klar sind. Eltern müssen miteinander Vereinbarungen über Schlafenszeiten, Telefonnutzung, Hausaufgaben und Dutzende anderer Dinge treffen. Wenn die Vereinbarungen darüber unklar sind, kann das die Differenzen verstärken. In einem Team müssen Vereinbarungen darüber getroffen werden, wie man mit übergriffigem Verhalten umgeht, wie man erreichbar ist, wie man mit Krisen umgeht ... Struktur sorgt für Berechenbarkeit und Klarheit. Zugleich ist es eine Illusion, dass man mit Struktur und Regeln jedes Verhalten kontrollieren kann. In einer Familie, einem Klassenzimmer oder einer Wohngruppe werden Kinder und Jugendliche immer wieder problematisches Verhalten zeigen und emotionale Reaktionen bei den Erwachsenen in ihrem Umfeld hervorrufen.

Stefan, Danny und Carla

Franziska lebt in einer Wohngruppe. Sie hat den Betreuer:innen gegenüber oft eine große Klappe und hält sie im Grunde immer auf Distanz. Was die Betreuer:innen sehen, ist ein großes, freches, starkes Mädchen. In der Gruppe haben die anderen oft Angst vor ihr. Wenn du Franziska gegen dich hast, macht sie dich einfach platt. Sehr selten sehen einige Betreuer:innen eine andere Seite von ihr. Dann ist sie plötzlich sehr verletzlich und traurig. Dann fühlt sie sich wie eine Versagerin und hat Angst, dass niemand sie mag.

Das Team weiß weder ein noch aus und ist auch nicht einer Meinung. Stefan und Danny sind der Meinung, dass Franziska in ihrem eigenen Interesse irgendwo anders untergebracht werden sollte. Sie denken, Franziska gehöre in die Psychiatrie, wo sie für ihr Leiden professionelle Hilfe bekommen kann. Carla ist dagegen. Sie betont, dass Franziska in ihrem Leben schon so oft zurückgewiesen wurde, dass eine Verlegung diese Traumata nur wiederholen würde. Sie sieht an Franziska eine ganz andere Seite: ein verletzliches Mädchen, das hinter seinem wütenden Äußeren sehr traurig und verängstigt ist. Sie findet eigentlich, dass Stefan und Danny Franziska falsch angehen – sagt es aber nicht. Der Rest des Teams hält sich mehr oder weniger raus. Wenn Carla sich gegen Stefan und Danny stellt, die dann gegenseitig füreinander Partei ergreifen, kann die Atmosphäre im Team manchmal unangenehm werden. Die anderen Teammitglieder sind zudem im Zweifel: Sie erkennen zwar etwas von dem, was Carla als »Bindungstrauma« bezeichnet, stimmen irgendwo aber auch Stefan und Danny darin zu, dass Franziska psychiatrische Hilfe braucht.

Falls Sie selbst im beratenden oder im schulischen Bereich tätig sind, möchten wir Sie fragen: Kennen Sie das, dass bestimmte Schüler:innen oder Klient:innen bei unterschiedlichen Teammitgliedern unterschiedliche Meinungen und Emotionen hervorrufen? Vielleicht sogar in einer Familie: dass ein Kind von beiden Elternteilen sehr unterschiedlich erlebt wird? Wie wirkt sich das auf das Team oder das Elternpaar aus? Wie geht das Team oder das

Elternpaar damit um? Und wie wirkt sich das Ihrer Meinung nach auf den Schüler, die Klientin oder das Kind aus?

Franziska weckt bei einigen Wohngruppenbetreuern, wie z.B. Carla, viel Sympathie und Mitgefühl, während sie bei anderen, wie z.B. Danny und Stefan, vor allem Ärger, Machtlosigkeit und Ablehnung hervorruft. Auch wenn es in der Wohngruppe Absprachen über Franziskas Verhalten gibt, können diese das störende Verhalten Franziskas nicht verhindern. Oft sind es solche intensiven Emotionen, die zu Spaltungen in Teams führen. Fühlt sich ein Elternteil zurückgewiesen, weil das Kind vom anderen Elternteil ins Bett gebracht werden will, kann dies zu einer Tendenz führen, diesem Verhalten mit einem strengen Ton zu begegnen: »Du sollst nicht quengeln, jetzt bringe ich dich einfach ins Bett!« Wenn der andere Elternteil spürt, wie sich das auf das Kind auswirkt, vollzieht er die Tendenz des Kindes vielleicht sogar mit – und so verlieren die Eltern einander.

Auch bei Franziska kann man sich vorstellen, dass Carla sie vor allem verteidigt und ihr störendes Verhalten herunterspielt, während Danny und Stefan das störende Verhalten betonen und weniger auf die verletzliche Seite ihrer Klientin achten. Carla kümmert sich wenig um die Wirkung, die Franziska auf ihre Kollegen und in der Wohngruppe hat, während sie sich gut in Franziska hineinversetzen kann. Danny und Stefan wiederum denken zu wenig über Franziska nach, während sie sich stark mit der Wirkung beschäftigen, die sie auf andere hat. Es ist klar, dass keine der beiden Seiten die Wahrheit für sich gepachtet auch – auch Carla nicht, obwohl sie ein gutes Verhältnis zu Franziska hat. Der Effekt dieser Spaltung lässt sich erahnen: Es ist sehr wahrscheinlich, dass Franziska sich nur noch von Carla etwas sagen lässt und ihre verletzliche Seite, die es anderen erlaubt, mit ihr in Kontakt zu treten, auch nur ihr zeigt. Das wird Carla zweifellos in ihrer Meinung bestärken, dass Franziska wirklich nicht aus der Gruppe entfernt werden sollte. Danny und Stefan gegenüber wird Franziska sich noch feindseliger verhalten, was deren Meinung nur bestätigen wird: Mit Franziska ist kein Auskommen, sie stört die Gruppenatmosphäre.

Auch wir verlieren leicht die Verbindung zueinander, wenn wir weniger geistigen Freiraum haben und daher weder einen Blick noch Aufmerksamkeit für die Bedürfnisse und Erfahrungen anderer aufbringen. Und das führt zu nicht hilfreichen und nicht-mentalisierenden Interaktionen.

> Saskia ist erschöpft, sie hatte einen sehr harten Arbeitstag. Ihr Mann David ist zu Hause damit beschäftigt, das Essen zuzubereiten. Ihre kleine Tochter Anne läuft auf Saskia zu, sie ist froh, dass Mama endlich zu Hause ist, und bittet sie, während sie sich an ihre Hose klammert, mit ihr zu spielen. Saskia kann das gerade nicht ertragen und sagt Anne, sie solle sie kurz in Ruhe lassen. Woraufhin diese lauthals zu weinen beginnt. Das stört David, der selbst auch hart gearbeitet hat und zudem noch für die Familie kocht. Verärgert sagt er, Saskia könne doch auch mal was tun. Daraufhin faucht Saskia ihn an. Anne sitzt auf dem Sofa und weint leise.

Wie können wir uns in solchen Situationen nun gegenseitig helfen, als Partner:innen, Eltern oder Kolleg:innen? Im weiteren Verlauf dieses Kapitels werden Strategien erörtert, die Eltern, Lehrer:innen und Berater:innen anwenden können, um einander zu helfen, weiterhin zu mentalisieren oder ihr Mentalisieren wiederherzustellen. Das Ziel besteht letztlich darin, als Team aus Eltern, Lehrer:innen und Betreuer:innen effektiver zu agieren: als *ein* Team, als mentalisierende Umgebung des Kindes.

9.2 Tipp 1: Einigen Sie sich auf eine Vision

Alles beginnt mit einer Vision dessen, was Sie als Team erreichen wollen und auf welchem Wege Sie das erreichen wollen, auf welche Werte und Normen Sie sich dabei stützen. Es ist wichtig, hierüber miteinander zu reden und klare Vereinbarungen zu treffen. Regeln sind nicht um der Regeln willen da, sondern um der Werte und Normen willen, denen sie dienen. In einer Wohngruppe kann man zum Beispiel vereinbaren, dass alle gemeinsam essen, weil man dies für ein wichtiges Instrument hält, den Gruppenzusammenhalt zu fördern und ein familiäres Klima zu schaffen. In einer Familie kann man sich darauf einigen, das Handy nachts nicht mit in die Zimmer zu nehmen, um gut schlafen zu können. Solche Vereinbarungen schaffen einen Erwartungsrahmen, eine Struktur, die die Werte widerspiegelt, die Sie als Familie, Institution oder Schule vertreten. Gerade weil Vereinbarungen auf eine Vision oder einen Wert verweisen, lassen sie sich auch leicht erklären. Vermeiden Sie Regeln, die Sie nicht erklären können: »Warum? Darum! So machen wir das hier!«

> Eddie hat heute Abenddienst auf der Aufnahmestation. In letzter Zeit war es oft schon unruhig gewesen. Es gibt mehrere Klient:innen, die regelmäßig in Krisen geraten. Ihm graut ein wenig vor diesem Abend, auch weil er mit Mareike arbeitet. Sie ist viel älter und geht bei allem mit der Holzhammermethode vor, denkt er. Man darf die Klient:innen nicht zu sehr verhätscheln, sagt sie. Er selbst sieht das anders. Er will sie zwar nicht verhätscheln, aber ein gutes Gespräch sollte doch möglich sein, oder? Weil Mareike aber älter ist, traut er sich nicht so recht, ihr zu widersprechen.

Eddie und Mareike sind sich über die Vorgehensweise nicht einig. Möglicherweise vertreten sie im Umgang mit Klient:innen unterschiedliche Werte. Vielleicht baut Eddie vor allem auf Kontakt und die Beziehungsebene und geht deshalb aktiv auf Klient:innen zu. Während Mareike vielleicht mehr auf Autonomie und persönliche Verantwortung setzt. Schwierig wird es für sie, wenn die Werte in Einklang gebracht werden müssen, beispielsweise, wenn sie gemeinsam Dienst haben. Wer hat recht? Vielleicht beide. Die Sache ist die: Wenn sie sich darüber nicht austauschen und keine gemeinsame Vision entwickeln, laufen sie Gefahr, in ihrer Vorgehensweise sehr unterschiedlich zu werden. Das führt – gerade in einer Krisenstation – zu Unberechenbarkeit und damit zu Unsicherheit. Natürlich darf es Unterschiede geben, aber zu große Unterschiede machen als Team angreifbar.

Zieht Ihr Team (Eltern, Lehrer:innen, Berater:innen) am gleichen Strang? Sind Sie sich einig über die Vision, die Werte und die Normen? Über die Regeln und Vereinbarungen, die daraus folgen? Worüber sind Sie sich einig und worüber nicht? Wie wirkt sich das aus?

9.3 Tipp 2: Sorgen Sie für Sicherheit

Eine klare Wertevision und ein entsprechender Rahmen sind nicht die Lösung für alles. Innerhalb dieses Rahmens ist eine sichere und offene Atmosphäre notwendig, damit Sie zusammenkommen können, wenn dennoch grenzüberschreitende Dinge passieren. Denken Sie an Franziska, aber auch an Tom, der aus Eriks Sicht in der Klasse provozierte (siehe Kapitel 2). Das Mentalisieren in Teams erfordert daher auch Sicherheit. Um sich mit dem, was man im Bezug auf sich selbst und andere fühlt und denkt, befassen zu können. Um miteinander zu reden, ohne dass Emotionen gleich vom Tisch gefegt werden und manche das, was sie bewegt und was sie denken, für sich behalten. Kurzum, es geht darum, eine mentalisierende Grundhaltung zueinander einzunehmen. Nicht sofort nach einer Lösung zu suchen, sondern sich erst einmal mit den Emotionen und Bedürfnissen, die im Spiel sind, auseinanderzusetzen. In Teams spielen Schlüsselfiguren wie Vorstandsmitglieder und Behandlungskoordinator:innen eine wichtige Rolle bei der Schaffung dieser Sicherheit.

Christian, Mareike und Eddie

Christian ist der Leiter der Abteilung, in der Mareike und Eddie arbeiten. Er schätzt die beiden, sieht aber auch, dass sie verschiedenen Generationen angehören und unterschiedliche Stile haben. Bei Eddie hat er festgestellt, dass er sich in Mareikes Gegenwart unsicher fühlt. Umgekehrt kann er sich auch vorstellen, dass es für Mareike manchmal belastend ist, zu merken, dass viele Klient:innen sich bei Eddie so wohlfühlen und nach ihm fragen, wenn sie beide arbeiten. Er entscheidet sich, mit Mareike und Eddie ein Gespräch zu führen.

Christian eröffnet das Gespräch: »Mareike und Eddie, ihr wisst beide, wie sehr ich euch schätze. Ich sehe aber auch, dass es Unterschiede zwischen euch gibt, und ich habe manchmal den Eindruck, dass dies zu Spannungen zwischen euch führt.« Er gibt den beiden Zeit und Raum, darüber nachzudenken.

Christian erkennt, was vor sich geht, und spricht es an, statt es seinen Lauf nehmen zu lassen. Er schafft einen sicheren Raum für das Gespräch. Zunächst nimmt er mit beiden Kontakt auf (nicht zufällig, indem er beide beim Namen nennt, ein ostensiver Reiz) und konzentriert sich dann nicht auf die Unterschiede im Verhalten und Stil, sondern darauf, wie sie sich gegenseitig wahrnehmen, sodass sie beide besser über sich und ihre Zusammenarbeit mentalisieren können. Außerdem tut er dies aus echter Wertschätzung für beide und in Akzeptanz ihrer Unterschiede. Indem sie so miteinander ins Gespräch kommen, werden sich Mareike und Eddie bewusster, welchen Effekt ihre Unterschiede auf den anderen haben und wie sie sich auf die Zusammenarbeit auswirken, denkt Christian.

9.4 Tipp 3: Erkennen Sie ineffektives Mentalisieren bei sich und anderen

Wenn wir uns gegenseitig dabei helfen wollen, das Mentalisieren wieder herzustellen, ist es zunächst wichtig, Anzeichen für ineffektives Mentalisieren beieinander (wieder) zu erkennen und aufzugreifen. Wenn schlechtes Mentalisieren unerkannt bleibt, besteht die Gefahr, dass es die Interaktionen stört.

Ben, Jackie und Maria

Ben betritt brummig das Lehrerzimmer, wo seine Kollegin Maria gerade eine Tasse Kaffee trinkt. Er ist genervt. Jackie verhält sich schon das ganze Schuljahr schwierig. Sie ist eine tickende Zeitbombe. Unzählige Male hat er sie angesprochen, aber dann schaut sie ihn nur arrogant an. Als ob er Luft wäre. Er fühlt sich von ihr vor der Klasse blamiert. Kollegin Maria versteht Bens Ärger nicht. Bei ihr macht Jackie überhaupt keine Schwierigkeiten. Gut, sie hat sie zu Beginn des Schuljahres in die Schranken gewiesen. Vielleicht sollte Ben das mal ausprobieren?

Wenn Maria kein Auge dafür hat, wie schlecht sie Ben mentalisiert, wird sie ihm wahrscheinlich nicht gut helfen, wieder mit Jackie in Kontakt zu kommen. Sie könnte Ben beispielsweise ablenken, indem sie ein anderes Thema anspricht, weil sie nicht richtig weiß, wie sie mit seinem für sie unverständlichen Ärger umgehen soll. Oder sie könnte ihm aus ihrem Unverständnis heraus vorhalten, dass dies doch nur in *seinem* Unterricht passiere und er vielleicht seine eigene Rolle überdenken sollte. Oder sie möchte Ben vielleicht gerne helfen, tut dies aber mit gut gemeinten Ratschlägen aus ihrer eigenen Perspektive: »Weise sie doch einmal richtig in die Schranken, das hat in meinem Unterricht auch geholfen. Danach hatte ich nie wieder ein Problem mit Jackie.« Die Wahrscheinlichkeit ist jedoch groß, dass keine der oben genannten Reaktionen Ben helfen wird. Es ist auch unwahrscheinlich, dass sie dazu beitragen, sein eigenes Mentalisieren wiederherzustellen, sodass sich die Interaktion mit Jackie wohl weiter verschlechtern wird. Schlecht zu mentalisieren führt schließlich zu weiterem schlechtem Mentalisieren und einer verpassten Chance, das Mentalisieren wiederherzustellen. Wenn Jackies Verhalten Ben verärgert und der seine Verärgerung nicht einordnen oder händeln kann, wird er eher dazu neigen, aus dieser Verärgerung heraus zu reagieren. Er wird sich Jackie beispielsweise mit einem negativeren Gefühl nähern, vorwurfsvoller mit ihr sprechen und in ihrem Verhalten schneller eine Bestätigung für ihre Versuche sehen, ihn bloßzustellen. Vielleicht denkt Ben sogar, dass er seine Verärgerung nicht zeigt. Aber es ist wahrscheinlich, dass etwas von seiner Verärgerung doch in der Art und Weise, wie er auf Jackie zugeht, mitschwingt, und dass Jackie dies spürt, was sie wiederum dazu veranlassen könnte, Ben als »lästigen und schwierigen« Lehrer anzusehen und in einer Gegenreaktion noch eigensinniger und distanzierter zu reagieren.

Sabine, Petra und Jessica
Es war ein arbeitsreicher Tag in der Wohngruppe. Sabine war allein und hatte mit Jessica alle Hände voll zu tun. Sie kam immer wieder zu ihr und war den ganzen Tag über ziemlich frech. Sabine hatte sich nicht in der Lage gefühlt, Jessica wegzuschicken. Sie befürchtete, dass sie damit alles nur noch schlimmer machen würde. Deshalb behielt sie ihre Verärgerung für sich und versuchte, Jessica so gut es eben ging zu ertragen. Bei der Übergabe an den Abenddienst ließ sie Dampf ab: »Jessica hat mich den ganzen Tag genervt. Sie hat nichts anderes getan, als negative Aufmerksamkeit einzufordern. Bei diesem Kind ist es auch nie genug!« Petra – die Abenddienst hat – ahnt schon, was da auf sie zukommt. Das kann doch nicht wahr sein, dass ihr heute Abend das Gleiche bevorsteht! Sie würde Jessica gleich klarmachen, dass das bei ihr nicht so läuft.

Petra lässt sich von Sabines schlechtem Mentalisieren anstecken. Es lässt sich schon vorhersehen, dass Petra aus der Verärgerung heraus mit Jessica auf eine Art Kontakt aufnehmen wird, die Jessica nervt, und dass diese daraufhin höchstwahrscheinlich genau das gleiche Verhalten an den Tag legen wird wie bei Sabine. Was hätte sich wohl abgespielt, wenn Petra rechtzeitig bemerkt hätte, dass Sabine nicht mehr gut über Jessicas inneren Zustand mentalisierte?

Bei der Übergabe an den Abenddienst lässt Sabine Dampf ab: »Jessica hat mich den ganzen Tag genervt. Sie hat nichts anderes getan, als negative Aufmerksamkeit einzufordern. Bei diesem Kind ist es auch nie genug!« Petra – die Abenddienst hat – stellt fest, dass Sabine im Kontakt mit Jessica so beeinträchtigt ist, dass sie es nicht mehr schafft, sich Gedanken über sie zu machen. Petra unterstützt Sabine: »Hey, Sabine, ich habe den Eindruck, dass du heute einen wirklich harten Tag hinter dir hast. Und anscheinend hat Jessica etwas getan, was dir den Tag noch schwerer gemacht hat? Was hat sie denn getan, das dir so gegen den Strich geht?«

In Sabines undifferenzierten Aussagen und in ihrer Verärgerung erkennt Petra, dass Sabine ineffektiv mentalisiert. Sie unterstützt Sabine, versucht aber auch, ihr zu helfen, ihr Mentalisieren wiederherzustellen. Sie tut dies, indem sie zunächst an Sabines Erfahrungen und dem, was zwischen Jessica und ihr passiert ist, anknüpft. Wenn Petra dies nicht tut, ist die Gefahr groß, dass sich Sabine und Jessica während eines von Sabines nächsten Diensten wieder in Interaktionen verstricken, die nicht besonders hilfreich sind. Indem sie Sabine hilft, Jessica gut zu mentalisieren, hilft sie nicht nur sich selbst und Jessica an diesem Abend, sondern auch Sabine für ihren nächsten Dienst.

> Wie können andere an Ihnen erkennen, dass Sie weniger gut mentalisieren? Und welche Anzeichen erkennen Sie bei Ihren wichtigen Teamkolleg:innen? Wer macht undifferenzierte Aussagen? Wer wird sehr rational? Wer stellt in übertriebener Weise Vermutungen an? Wer zieht zu schnell Schlussfolgerungen?

9.6 Tipp 4: Helfen Sie einander, Emotionen zu verstehen

Bens und Sabines Emotionen sagen etwas über die Wirkung aus, die das Verhalten eines anderen Menschen auf uns haben kann. Wenn wir diese Emotionen nicht regulieren, sondern von uns wegschieben – oder schlimmer noch, wenn wir aus diesen unregulierten Emotionen heraus reagieren –, wird das oft nach hinten losgehen. Manchmal geht man davon aus, es sei »professionell«, unerwünschte oder negative Gefühle, die wir z. B. in Bezug auf unsere Klient:innen oder Schüler:innen haben, zu verdrängen oder zu ertragen. Oder dass es besser sei, Meinungsverschiedenheiten mit Partner:innen oder Freund:innen einfach an sich vorbeiziehen zu lassen. Doch das ist oft falsch. Wenn Sie dabei unterstützt werden, Ihre eigenen Emotionen zu verstehen und zu verarbeiten, sind Sie besser in der Lage, wieder mit den anderen in Kontakt zu kommen. Was auch von vielen wissenschaftlichen Studien bestätigt wird. Aus ihnen geht hervor, dass etwa Therapeut:innen, die mit den negativen Emotionen, die sie im Kontakt mit Klient:innen erleben, konstruktiv umgehen, bessere Therapieergebnisse erzielen. Negative Emotionen zu unterdrücken verhindert zwar, dass Sie dem Kontakt schaden, doch sie aktiv anzusprechen und zu händeln, macht den Kontakt konstruktiver. Dasselbe gilt für Eltern: Eltern, die besser mit ihren negativen Emotionen umgehen können, zeigen weniger Verhaltensweisen, die die Interaktion mit ihrem Kind stören. Wenn Sie also verhindern möchten, dass Emotionen zum Anlass für eskalierende Interaktionsspiralen werden, ist es wichtig, diese Emotionen händeln zu können. Das tun Sie, indem Sie sich Ihnen stellen und Ihnen einen Sinn geben: Was genau fühle ich und warum?

Haben Sie Schüler:innen, Kolleg:innen oder Klient:innen, bei denen Sie negative Gefühle haben? Verärgerung? Ohnmachtsgefühle? Vielleicht denken Sie, dass diese sich anstellen? Dass sie übertreiben? Vielleicht haben Sie manchmal auch solche unangenehmen Emotionen gegenüber Ihren eigenen Kindern? Wie gehen Sie mit diesen Gefühlen um?

In diesem Sinngebungsprozess können Teamkolleg:innen eine unglaublich wertvolle und wichtige Rolle spielen. Was Sie als andere:r, als Elternteil oder Kolleg:in beispielsweise tun können, wenn Sie bemerken, dass das Mentalisieren schwierig wird, besteht darin, beim Verstehen und Verarbeiten zugrunde liegender Emotionen hilfreich zu sein. Ein erster Schritt kann darin bestehen, zu benennen, was Sie bei der anderen Person bemerken, so wie Petra es bei der Übergabe mit Sabine getan hat. Anschließend können Sie Ihrem Kollegen oder Ihrer Partnerin Fragen stellen, um zu verstehen, was ihn oder sie daran gehindert hat, gut zu mentalisieren. Oft ist das Schildern der Ereigniskette, die dem ineffektiven Mentalisieren voranging, ein erster Schritt dazu, wieder zu einem effektiven Mentalisieren zu finden. Am wichtigsten, aber vielleicht auch am spannendsten ist dabei, auf die emotionale Wirkung der Interaktion auf die Person zu achten.

Petra lässt Sabine erzählen, warum es ihr mit Jessica so ergangen ist. Sie unterstützt sie: »Mensch, Sabine, Jessica hat es dir heute wirklich nicht leicht gemacht.« Aber sie bringt Sabine auch zum Nachdenken über die Wirkung, die Jessica auf sie hatte: »Sabine, weißt du eigentlich, was dir heute im Umgang mit Jessica so zu schaffen gemacht hat? Was hat sie heute mit ihrem Verhalten bei dir bewirkt?« Sabine überlegt: »Ich war so genervt von ihr. Sie hat ständig nach mir gesucht, als ob sie mich bräuchte. Und wenn ich ihr dann zu helfen versucht habe, ist sie jedes Mal wütend geworden.« Petra ermutigt Sabine, weiter darüber zu reflektieren: »Es hört sich an, als hättest du heute wirklich alles getan, um ihr zu helfen, so als hätte sie das vielleicht gefordert, aber aus irgendeinem Grund hat es nicht geklappt? Was hat es mit dir gemacht, dass es so lief?« Sabine denkt weiter nach: »Ich hatte das Gefühl, versagt zu haben. Eigentlich mag ich Jessica und wir haben einen guten Draht zueinander, aber heute hat sie mir einfach nicht erlaubt, für sie da zu sein. Das hat mich eigentlich verunsichert. Habe ich etwas falsch gemacht?«

Sabines Mentalisieren wird sich erst dann wiederherstellen, wenn sie die Emotionen, die sie im Kontakt mit Jessica erlebt hat, in den Griff bekommt. Nur zu schildern, was passiert ist, reicht dazu nicht aus. Erst wenn Sabine wirklich innehalten und sich damit befassen kann, wie Jessica sie berührt hat, kann sie Jessica wieder mit anderen Augen sehen. Petra ihrerseits stürzt nicht gleich auf sie zu (»Was fühlst du?«), sondern hat Sabines fragile psychische Verfassung nach ihrem Dienst im Blick. Sie unterstützt Sabine, spiegelt, wie es für sie gewesen sein muss, und schafft dadurch Sicherheit. Dass es zwischen Sabine und Jessica heute nicht gut gelaufen ist, verändert nichts an dem Vertrauen, das Petra in Sabine als Kollegin hat. Diese Sicherheit und dieses Vertrauen geben Sabine wiederum die Sicherheit, sich selbst und ihre Emotionen wirklich zu mentalisieren.

Kehren wir noch einmal kurz zu Ben zurück, der verärgert ins Lehrerzimmer kommt und sich über Jackie auslässt. Nehmen wir an, Maria tut das, was in solchen Situationen vielleicht öfter geschieht: Sie hat Mitleid mit Ben und stimmt ihm darin zu, dass Jackie viel zu weit geht und das eine Sache für die Schulleitung ist. Vielleicht ist Ben damit kurzfristig geholfen, weil er nicht gleich an sich selbst zweifelt, doch im Umgang mit Jackie hilft ihm das nicht. Ben würde es ebenso wenig helfen, wenn Maria ihm sagen würde, was er tun soll: »Du musst das Mädchen einfach hart angehen.« Das wäre für Ben sogar eher ärgerlich und würde seine Unsicherheit vielleicht noch verstärken. Ben würde sich wahrscheinlich noch weniger verstanden oder unterstützt fühlen. Ben wird von Marias Ratschlägen erst dann wirklich profitieren, wenn er den Eindruck hat, dass sie wirklich versteht, wie er sich in seiner Interaktion mit Jackie bewegt und fühlt. Das hat mit epistemischem Vertrauen zu tun (siehe Kapitel 6): Nur wenn Maria ihn wirklich versteht und wirklich erkennt, womit er sich bei Jackie so schwertut, werden ihre Einsichten oder Ratschläge, wie er das Problem angehen kann, hilfreich sein. Wie könnte Maria das erreichen? Sie kann ihm zunächst verstehen helfen, wie er selbst Jackies Verhalten erlebt. Maria könnte Bens Emotionen anerkennen und ihn fragen, was genau passiert ist: »Na, Ben, unangenehme Stunde mit Jackie gehabt? Was ist passiert?« Das gibt Ben die Gelegenheit, etwas über Jackies nerviges Verhalten zu erzählen, darüber, dass sie immer wieder so tut, als ob er für sie Luft wäre, und darüber, wie machtlos er sich dann fühlt. Maria könnte ihn unterstützen: Es ist sehr schlimm für ihn, dass er sich in dieser Stunde so gefühlt hat. Sie könnte auch weiterfragen, was Jackie genau getan hat. Womit hatte sie diese Gefühle bei ihm ausgelöst? So hilft sie ihm, besser einzuordnen, was genau an Jackies Verhalten ihn dermaßen frustriert hat. Und dann könnte sie einen Schritt weitergehen: Was genau hat es in ihm ausgelöst? Was hat ihn so getroffen? Das kann Ben helfen, sich über seine eskalierten Emotionen in dieser Interaktion klarer zu werden. Er könnte beispielsweise erklären, dass er sich machtlos und wütend fühlt, wenn sie sich nichts sagen lässt, dass er sich aber auch unwohl und vielleicht sogar gedemütigt fühlt, wenn ihre Klassenkamerad:innen dabei zusehen, wenn sie ihn so behandelt.

> Können Sie mit Ihrem Team auf diese Weise miteinander reden? Glauben Sie, dass Sie etwas von dieser Kultur einführen könnten? Was könnte das Ihnen und Ihrem Team bringen?

9.6 Tipp 5: Helfen Sie einander, andere Perspektiven in Erwägung zu ziehen

Ihrem Partner oder ihrer Kollegin zu helfen, etwas von den Emotionen zu verstehen, die das Verhalten bei ihm/ihr auslöst, ist ein unverzichtbarer Ausgangspunkt. Aber das ist nicht genug. Wenn Ben an der Überzeugung festhält, dass Jackie so tut, als ob er Luft für sie wäre, wird er sich weiterhin gegen sie wappnen. Wenn Sabine weiterhin denkt, dass Jessica sie sowohl anzieht als auch zurückweist, oder ihr das Gefühl geben will, dass sie sowieso nichts richtig machen kann, dann ist ihr nicht (genügend) geholfen. Und wenn David keinen Blick dafür hat, dass Saskia einen anstrengenden Tag hatte, oder wenn Saskia sich nur angegriffen fühlt und nicht darauf eingeht, dass David ebenfalls einen anstrengenden und ermüdenden Tag hatte, werden sie weder sich gegenseitig noch ihrem Töchterchen Anne helfen können, wieder zur Ruhe zu kommen.

Die eigenen Emotionen in Hinblick auf das Verhalten anderer zu verstehen, ist ein Ausgangspunkt dafür, erneut zu überdenken, *warum* der andere sich auf diese Weise verhält und was Sie möglichweise selbst zu diesem Effekt beitragen. Dabei können Kolleg:innen oder Partner:innen hilfreich sein. Sie können Ihnen helfen, erneut über die Emotionen, Bedürfnisse oder Wünsche nachzudenken, derentwegen der andere dieses Verhalten zeigt. So gewinnt man wieder einen offenen Blick. Ben wird nur dann aus der Sackgasse mit Jackie herauskommen, wenn er etwas von dem psychischen Zustand, der hinter ihrem Verhalten steht, begreift. Maria kann Ben also vor allem dabei helfen, die Interaktion wieder in den Griff zu bekommen: Warum verhält sich Jackie so, und was trägt Ben möglicherweise selbst zu Jackies Verhalten bei? Um das herauszufinden, könnte sie ihn fragen, ob Jackie dieses Verhalten ständig zeigt oder ob es nur sporadisch auftritt. Außerdem könnte sie ihn fragen, zu welchen Zeiten Jackie sich eigensinnig oder rebellisch verhält, und ob Ben eine Vorstellung davon hat, in welchem mentalen Zustand sie dieses Verhalten zeigt. Vielleicht findet Ben so heraus, dass Jackie sich vor allem dann danebenbenimmt, wenn sie etwas tun muss, was sie nicht gut kann. Maria kann Ben nach Ideen über den Sinn von Jackies Verhalten fragen: Aus welchem Gefühl oder Bedürfnis heraus zeigt sie dieses Verhalten in diesen Situationen? Vielleicht kommt Ben auf die Idee, dass sie sich in solchen Momenten eigentlich sehr unsicher fühlt. Vielleicht zeigt sie gerade dann ein Verhalten, das ihn verunsichert, wenn sie sich selbst unsicher fühlt. Anschließend kann Maria ihn danach fragen, wie sich das auf ihn auswirkt, was er in solchen Momenten tut und wie sich sein Verhalten wiederum auf Jackie auswirken könnte. Tut Ben womöglich unabsichtlich etwas, das bei ihr zusätzlich Unsicherheit auslöst? Ben könnte erkennen, dass er sich, sobald er eine Veränderung in Jackies Verhalten bemerkt, schnell zu wappnen beginnt, strenger wird und bei Fragen, die ihr helfen könnten, die Aufgabe trotz allem anzugehen, weniger zugänglich ist.

Ben weiß natürlich nicht, was in Jackies Kopf vor sich geht. Was er aber weiß, ist, dass er anders auf sie zugehen wird, wenn sein Blick auf sie an Flexibilität gewinnt. Wenn sie nur die nervige Jugendliche ist, die ständig so tut, als ob er Luft für sie wäre, wird die Interaktion garantiert immer wieder ins Stocken geraten. Wenn er sich vorstellen kann, dass sie auch andere Gründe für ihr Verhalten haben könnte, kann er ihr wieder mit mehr Offenheit begegnen. Wenn Ben Jackie nach dem Gespräch mit Maria wieder unterrichtet, besteht eine reelle Chance, dass er sich doch etwas anders verhält. Vielleicht ist er ein wenig aufmerksamer für ihre mögliche Verletzlichkeit. Vielleicht spürt Jackie das, wodurch sich in der Interaktion zwischen den beiden etwas verändern kann.

Aber nun zurück zu Sabine und Petra:

> Petra hat Sabine geholfen, besser zu verstehen, was sie im Kontakt mit Jessica so sehr belastet hat. Eigentlich hatte Sabine das Gefühl zu versagen. Sie wollte Jessica so gerne helfen, spürte aber, dass sie es nicht konnte, was sie sehr belastete. Nun, da Sabine wieder gut über sich selbst mentalisiert, kann Petra ihr helfen, indem sie mit ihr untersucht, was an diesem Tag mit Jessica los war. Das hilft nicht nur Sabine, sondern auch Petra, die den Abenddienst vor sich hat. Sie fragt Sabine: »Fällt dir irgendetwas ein, das Jessica dazu veranlasst haben könnte, sich heute so launisch zu verhalten? Ist heute etwas passiert, oder gestern?« Das bringt Sabine zum Nachdenken: »Jetzt, wo du es erwähnst. Normalerweise hätte Jessicas Mutter sie

an diesem Wochenende abgeholt, aber die hat heute Morgen abgesagt. Ich weiß nicht, warum ihre Mutter nicht gekommen ist, aber es ist gut möglich, dass das Jessica sehr nahegegangen ist ...« »Was glaubst du, was es mit ihr gemacht hat, so wie du sie kennst?« Sabine fährt fort: »Ich kann mir gut vorstellen, dass sich Jessica dann vor allem fragt, was sie falsch gemacht hat. Ob sie deshalb als Tochter so wenig wert ist, dass ihre Mutter sie nicht einmal abholen kommt.«

Weil Sabines Mentalisieren wiederhergestellt ist, kann sie auch wieder über Jessicas mentalen Zustand nachdenken. Sie gewinnt wieder andere Perspektiven: Jessica ist nicht mehr nur ein Mädchen, das sie bis aufs Blut reizt, sondern jemand, der sich heute sehr schlecht und abgelehnt gefühlt hat. Vielleicht gar nicht mal so anders als Sabine zu dem Zeitpunkt, an dem sie ihren Dienst beendet hat ...

Wir haben am Beispiel von Sabine und Petra zwei Szenarien durchgespielt: ohne und mit Wiederherstellung des Mentalisierens. Wie wirken sich die beiden Szenarien auf Jessica, Sabine und Petra aus? Welchen zusätzlichen Nutzen hat die Wiederherstellung des Mentalisierens für Sabines Arbeit in der Wohngruppe? Sind Sie der Meinung, dass Petra Sabine so helfen kann, »eine bessere Version ihrer selbst zu sein«?

Vielleicht sind einige der Meinung, dass sich Schüler:innen und Klient:innen manierlich verhalten sollten und es nicht die Aufgabe von Lehrer:innen, Betreuer:innen und Berater:innen ist, sich darüber Gedanken zu machen. Doch genau aus diesem Grund haben wir dieses Buch geschrieben: Wir glauben, dass es an uns als Eltern, Lehrer:innen, Wohngruppenbetreuer:innen und Therapeut:innen liegt, diesen Kindern, Jugendlichen oder Klient:innen zu helfen, sich selbst und ihre Beziehungen zu regulieren. Wir glauben, dass Jackie ihr eigenes Verhalten besser regulieren kann, wenn sie besser versteht, warum sie sich so verhält, wie sie sich verhält, nicht nur Ben gegenüber, sondern vielleicht auch gegenüber vielen anderen Erwachsenen und Gleichaltrigen, die in ihr eine gewisse Unsicherheit hervorrufen. Wir glauben auch, dass Jackie, wenn ihr das gelingt, mehr in Bens Unterricht lernen wird, und dass Ben schließlich weniger Energie darauf verwenden muss, ihrem Verhalten Grenzen zu setzen. Wir glauben, dass Sabines Dienst mit Jessica besser sein wird, wenn sie wieder Fühlung zu dem mentalen Zustand hat, der hinter Jessicas Verhalten steht. Und dass sie das nur erreichen kann, wenn sie Jessicas Wirkung auf sie selbst besser versteht. Kurzum, wir sind der Meinung, dass es Aufgabe der Eltern, Lehrer:innen, Wohngruppenbetreuer:innen und Therapeut:innen ist, diesen Veränderungsprozess anzustoßen. Das bedeutet übrigens nicht, dass wir Jackies oder Jessicas Verhalten einfach tolerieren sollten. Sehen Sie sich dazu folgendes Beispiel von Rob an.

9.7 Tipp 6: Respektieren Sie alle Perspektiven und Meinungen

In einem Team haben unterschiedliche Teammitglieder in der Regel unterschiedliche Vorstellungen. Es wäre schade, sie nicht zu nutzen, auch weil jede Perspektive vielleicht einen Teil der Wahrheit enthalten kann. Oder besser gesagt: Niemand hat die Wahrheit gepachtet. Denken Sie nur an das Beispiel von Franziska zurück: Carla hat »recht«, dass hinter Franziskas Verhalten viel Schmerz und vielleicht Angst vor Zurückweisung steckt und sie wegzuschicken fast schon retraumatisierend wäre. Aber auch Danny und Stefan haben recht: Was Franziska tut, ist nicht akzeptabel und gefährdet die Sicherheit der Wohngruppe. Vor allem, wenn starke Emotionen im Spiel sind, tendieren Meinungen und Sichtweisen dazu, sich voneinander zu entfernen und eine Spaltung zu verursachen. Gerade dann ist es sehr wichtig, alle zu befragen und sich alle Perspektiven vor Augen zu führen.

Naomi

In der Klasse ist etwas gestohlen worden. Es ist nicht das erste Mal. Das letzte Mal war es eine Halskette, jetzt ist plötzlich ein iPhone verschwunden. Nach einer Durchsuchung stellte sich heraus, dass Rob dahintersteckte. Er leugnete es zunächst vehement, gestand es aber schließlich doch ein. Die Schule will nun einen Schlussstrich ziehen: Soll Rob suspendiert werden? Von der Schule verwiesen werden? Soll er nachsitzen? Sich entschuldigen? Wiedergutmachung leisten? Was die Sache kompliziert macht, ist der Umstand, dass Robs Vater letztes Jahr gestorben ist. Außerdem war Robs Vater nicht gerade ein Unschuldslamm: Er war selbst vorbestraft. Im Lehrer:innenteam gehen die Meinungen auseinander. Die Schulleiterin Naomi leitet das Gespräch und sorgt dafür, dass alle Perspektiven, Meinungen und Ideen gehört werden. Sie fragt sogar die Sekretärin, die das Protokoll führt, nach ihren Vorstellungen.

Leider wird oft darum gestritten, wer recht hat. Die Eltern geraten über die Erziehung in Konflikt miteinander. Die Teammitglieder versuchen, sich gegenseitig davon zu überzeugen, dass sie recht haben. Dabei ist es sinnvoller, zu versuchen, die verschiedenen Sichtweisen zu verstehen. In einer Sitzung des Behandlungsteams kann es sinnvoll sein, explizit zu prüfen, ob die Perspektiven aller Teammitglieder gehört wurden. Teammitglieder, die sich noch nicht geäußert haben, können explizit aufgefordert werden, dies zu tun. Im Übrigen ist es oft sehr fruchtbar, neue Mitarbeiter:innen zu befragen, da sie oft von einem neuen und frischen Ansatzpunkt her denken. Auch Eltern können sich gegenseitig befragen: Wie siehst du das? Was sollten wir deiner Meinung nach tun?

9.8 Tipp 7: Loten Sie Unterschiede aus

Wenn Menschen divergierende Perspektiven haben, geht es nicht um die Frage, wer dominanter ist oder wer recht hat. Wichtiger ist es, die unterschiedlichen Perspektiven zu erkunden: Wie können wir diese Unterschiede verstehen? Warum sehen wir die Sache so unterschiedlich? Warum glauben Sie, dass das besser helfen würde? Echtes Interesse an den Unterschieden ist der beste Weg dazu, Lösungen zu finden. Eigentlich fördert man auf diese Weise das Mentalisieren über Unterschiede. Wenn in einer hitzigen Diskussion die Emotionen hochkochen, kann es manchmal sinnvoll sein, die unterschiedlichen Meinungen und Sichtweisen auf ein Flipchart zu schreiben und zu notieren, wo die Hauptunterschiede liegen.

Naomi

Naomi erstellt eine Tabelle mit den unterschiedlichen Ansichten. Einige Lehrer:innen sind sehr entschieden: Die Schule kann dieses Verhalten nicht tolerieren. Schüler:innen, die stehlen, machen die Schule für andere Schüler:innen zu einem unsicheren Ort und gefährden das gesamte Schulklima. Keine repressiven Maßnahmen zu ergreifen, wäre ein schlechtes Signal an alle anderen. Einige andere Lehrer:innen betonen, dass Rob gerade eine schwierige Phase durchmacht. Vielleicht identifiziert er sich mit seinem Vater, was nicht erstaunlich wäre, da der vor Kurzem gestorben ist. Gerade jetzt darf die Schule ihn nicht auch noch im Stich lassen, denn dann wäre er ganz verloren.

Die verschiedenen Auffassungen sind von den jeweiligen Standpunkten her verständlich, stellt die Schulleiterin fest. Wenn man die Interessen der Schule vertritt, dann muss man dieses Verhalten wirklich unterbinden und repressive Maßnahmen ergreifen. Nimmt man hingegen Robs Perspektive ein, dann gibt es mehr Raum für Verständnis und Toleranz. Sie fragt die kritischen Lehrer:innen, wie sie zu der Hypothese stehen, dass Rob vor allem seinen Vater vermisst. Und wie es sich ihrer Auffassung nach auf Rob auswirken würde, wenn er von der Schule verwiesen würde. Die anderen Lehrer:innen fragt sie, wie sie die Auswirkungen von Robs Verhalten auf das Schulklima einschätzen. Und welche Konsequenzen es hätte, wenn er einfach bleiben dürfte. So versucht Naomi, eine kohärente Maßnahme zu finden, die alle Perspektiven berücksichtigt.

Eine Maßnahme oder Sanktion, über die gut mentalisiert wurde, ist in der Regel qualitativ besser als eine Intervention, über die schlecht mentalisiert wurde. Die Gefahr, dass sie nur von den Emotionen Einzelner oder einem Aspekt der »Wahrheit« bestimmt wird, ist dann geringer. In Robs Beispiel wird Naomi allen Perspektiven gerecht: Sowohl der Perspektive der Lehrer:innen, die auf die Notwendigkeit hinweisen, das Schulklima im Auge zu behalten, als auch der Perspektive der anderen Lehrer:innen, die spüren, dass harte Sanktionen Rob unverhältnismäßig stark schaden könnten.

Naomi lädt Rob und dessen Mutter zu einem Gespräch ein. Sie erklärt ihnen, dass es für die Schule wichtig ist, dass ein Klima der Sicherheit herrscht. Da Rob diese Sicherheit gefährdet hat, wird gegen ihn eine Sanktion verhängt, um ein klares Signal zu senden, dass dieses Verhalten nicht toleriert wird. Gleichzeitig teilt sie ihnen mit, dass sich die Schule Sorgen um Rob macht und sie bei ihm bemerkt haben, dass er seit dem Tod seines Vaters nicht mehr ganz er selbst ist. Die Schule fragt sich, ob das Stehlen etwas damit zu tun hat. Naomi überlegt mit Rob und dessen Mutter, was die Schule tun kann, um Rob zu helfen, empfiehlt aber auch, externe Hilfe zu suchen. Rob ist erleichtert. Er hatte Angst, gerade jetzt, wo es seine Mutter so schwer hat, von der Schule verwiesen zu werden. Vielleicht ist er sogar noch erleichterter, weil die Schule sich Gedanken über ihn gemacht hat und bemerkt hat, dass es ihm nicht gut geht. Er hat auch verstanden, dass Stehlen nicht akzeptabel ist.

Zusammengefasst sollten die Regeln in Teams lauten: Achte auf den Prozess, nicht nur auf den Inhalt. Beim Prozess geht es um die Form, in der die Diskussion oder Beratung abläuft (darum, *wie* sie abläuft). Wenn der Prozess, in dem Eltern, ein Lehrer:innenteam oder ein Behandlungsteam zu einer gemeinsamen Herangehensweise an ein Problem gelangen, besser ist, wird aller Wahrscheinlichkeit nach auch die Herangehensweise selbst besser und ausgewogener sein. Wenn die Form gut ist, ist auch der Inhalt fast immer besser.

In größeren Teams kann dies manchmal eine Herausforderung sein. Eine nützliche Strategie ist in Besprechungen die Ernennung eines Prozessbegleiters oder einer Prozessbegleiterin. Diese Person nimmt nicht an der inhaltlichen Diskussion teil, sondern überwacht den Mentalisierungsprozess. Er oder sie greift ein, wenn dieser Prozess ins Stocken gerät, z. B. wenn unbegründete Aussagen gemacht werden, bestimmte Perspektiven nicht thematisiert werden, einige Teammitglieder in der Diskussion auffällig abwesend sind, Entscheidungen übereilt getroffen werden oder größere Meinungsverschiedenheiten unaufgelöst bleiben. Die Prozessbegleiterin interveniert, indem sie ihre Beobachtungen mitteilt und Sondierungsfragen stellt: »Mir fällt auf, dass du noch nicht viel gesagt hast, Suzie, warum ist das so?« »Mir fällt auf, dass Mustafa und Rieke sehr unterschiedliche Ansichten haben. Vielleicht sollten wir erst einmal versuchen, diesen Unterschied besser zu verstehen.« »Ich habe den Eindruck, dass du mit dieser Entscheidung nicht einverstanden bist, Corinna, stimmt das?« »Ich habe den Eindruck, dass du noch zwiespältige Gefühle in Hinblick auf diesen Klienten hast, Khadija?« Der Prozessbegleiter beginnt damit den Prozess des Mentalisierens wieder einzuleiten. So verhindert er auch, dass schlechtes Mentalisieren andere Kolleg:innen infiziert und zu einem Verhalten führt, das die Interaktion zunehmend beeinträchtigt. Die Rolle der Prozessbegleitung kann von der Person, die das Gespräch leitet (z. B. der Direktorin, dem Behandlungskoordinator, der Oberschwester, ...) übernommen werden, doch oft ist das gar nicht nötig und manchmal auch nicht sinnvoll. Es kann auch eine Aufgabe sein, die im Team abwechselnd übernommen wird.

Mentalisieren innerhalb von Teams wiederherstellen:

Einigen Sie sich auf eine Vision.
Sorgen Sie für Sicherheit.
Erkennen Sie ineffektives Mentalisieren bei sich und anderen.
Helfen Sie einander, Emotionen zu verstehen.
Helfen Sie einander, andere Perspektiven in Erwägung zu ziehen.
Respektieren Sie alle Perspektiven und Meinungen.
Loten Sie Unterschiede aus.

Wie können Sie in Ihrem Team dafür sorgen, dass der Prozess des Mentalisierens und die Diskussion im Team im Blick behalten werden? Was ist dazu nötig?

9.9 Zusammenfassung

In diesem Kapitel werden einige Tipps zur Verbesserung der Teamarbeit gegeben. Unter einem Team kann man ein Elternpaar, ein Lehrer:innenteam, ein Team von Wohngruppenbetreuer:innen, eine Gruppe von Freund:innen, ein Behandlungsteam ... verstehen. Überall, wo Menschen zusammenarbeiten, haben wir es mit Unterschieden zu tun. Unterschiede können sich positiv auf die Arbeit auswirken, wenn es Raum für sie gibt und den unterschiedlichen Perspektiven Rechnung getragen wird. Wenn die Unterschiede zu groß werden und sich die Positionen polarisieren, können sie sich allerdings auch negativ auswirken: Die Teammitglieder können Fronten gegeneinander bilden, was leicht zu einer inkonsequenten und damit verwirrenden Erledigung der Aufgaben führen kann.

Unsere Grundannahme ist, dass ein Team besser funktioniert, wenn der Teamprozess stärker mentalisierend verläuft. Dies setzt Sicherheit im Team und eine mentalisierende Grundhaltung aller Teammitglieder voraus, in der sie sowohl auf ihre eigenen Gefühle, Bedürfnisse und Themen als auch auf die der anderen offen und neugierig sind.

KAPITEL 10

Verletzliche und resiliente Jugendliche in der Adoleszenz

Die Pubertät ist nicht für jede:n ein Vergnügen. Etwa drei Viertel aller psychischen Probleme, die Menschen im Laufe ihres Lebens bekommen werden, haben sich schon bis zum Ende der Pubertät entwickelt. Die Pubertät wird von den meisten Eltern und Pädagog:innen auch als die schwierigste Phase in der Erziehung angesehen. Gleichzeitig ist sie aber auch eine entscheidende Phase, die für die weitere Entwicklung entscheidend ist. In diesem letzten Kapitel gehen wir auf die Entwicklung psychischer Probleme, die Rolle, die die Pubertät dabei spielt, und die Möglichkeiten, verletzliche Jugendliche in der Pubertät als Eltern, Erzieher:innen oder Betreuer:innen zu unterstützen, ein.

Eine wichtige Frage, die sich Menschen, die mit Kindern arbeiten, stellen müssen, lautet, was genau sie ihnen mitgeben wollen. Eine spezifischere Frage für Eltern und Erzieher:innen lautet, wann sie ein Kind loslassen, es selbstständig ins Leben treten lassen können.

> Vielleicht haben Sie selbst Kinder. Was wünschen Sie Ihrem Kind im Alter von 16, 18 oder 23 Jahren? Was würde Sie stolz machen? Wann hätten Sie das Gefühl, dass Ihre Aufgabe als Elternteil erledigt ist?

Vielleicht ist es für Eltern wichtig, darauf vertrauen zu können, dass ihr Kind auf eigenen Beinen stehen kann. Dass es sein Leben selbst gestalten und mit den Chancen, aber auch mit den Rückschlägen, die ihm begegnen, umgehen kann. Es ist schön, wenn Ihr Kind einen guten Job und eine nette Familie hat, aber vielleicht noch wichtiger ist es, darauf vertrauen zu können, dass es sich durchboxen kann, wenn es seinen Job verliert oder es in der Familie Schwierigkeiten gibt. Letztlich wünschen sich Eltern vor allem, dass ihr Kind im Leben resilient ist. Aber wie kann man einem Kind helfen, resilient zu werden? Und was kann man tun, wenn ein Kind sehr verletzlich ist?

10.1 Die Pubertät

Viele Studien zeigen, dass Eltern die Erziehung am schwierigsten finden, wenn ihr Kind in der Pubertät ist. Nehmen wir Greta, die mit ihrer Tochter Kiki zu kämpfen hat:

Greta und Kiki

Greta macht sich Sorgen um ihre 14-jährige Tochter Kiki. Sie hat sich seit dem letzten Schuljahr verändert, meint Greta. Davor war Kiki immer offen und energisch. Sie war zwar manchmal sehr traurig, wenn in der Schule etwas los war, aber sie sprach immer offen darüber. Das gab Greta Vertrauen. Seit einem Jahr ist das nun nicht mehr der Fall. Kiki zieht sich oft in ihr Zimmer zurück und reagiert gereizt, wenn Greta mit ihr zu reden versucht. Greta führt dies auf die Pubertät zurück, auch wenn sie dabei kein gutes Gefühl hat. Letzte Woche entdeckte sie alkoholische Mixgetränke in Kikis Zimmer. Sie wollte sie darauf ansprechen, wusste aber nicht, wie sie es anstellen sollte. Sollte sie überhaupt etwas dazu sagen? Ihre Beziehung war schon so angespannt, und Greta wollte nicht noch mehr Spannungen verursachen. Vielleicht war es ja auch harmlos? Vielleicht wuchs Kiki auch aus diesen Dingen heraus? Man hörte doch häufiger von Jugendlichen, die ein Tief durchmachen, nicht wahr?

Vielleicht erkennen Sie sich in Greta wieder, vielleicht haben Sie auch einen Sohn oder eine Tochter in der Pubertät, und möglicherweise wissen Sie manchmal auch nicht, ob Sie sich Sorgen machen sollen oder nicht. Oder vielleicht haben Sie Kinder wie Kiki in der Klasse oder in der Wohngruppe. Sie spüren, dass etwas im Gange ist, aber wann müssen Sie sich wirklich Sorgen machen? Ist es nicht normal, dass Heranwachsende manchmal eine Flaute durchmachen? Wegen der Hormone und so?

> Alex macht sich Sorgen um Bill, einen Jungen aus seiner Klasse. Bill ist jetzt 16 Jahre alt. Er hat im letzten Jahr einen enormen Wachstumsschub erlebt: Bis letztes Jahr war er klein, eigentlich noch ein Kind, und jetzt steht da plötzlich ein Mann. Aber Bill hat auch begonnen, sich anders zu verhalten. Er war nie wirklich ein besonders offener Typ, doch seit einiger Zeit scheint er sich noch mehr zurückgezogen zu haben. Er sitzt oft allein in der Klasse und scheint auch auf dem Schulhof wenig Kontakt zu anderen zu haben. Es wirkt, als wüsste er nicht mehr so recht, welche Haltung er einnehmen soll. Bills Eltern haben sich vor zwei Jahren getrennt und sein Vater hatte sofort eine neue Freundin. Alex ist sich nicht sicher, welchen Einfluss das auf Bill hatte. Ist er nur ein etwas spätpubertärer Jugendlicher, hat er mit der Situation zu Hause zu kämpfen oder steckt vielleicht doch mehr dahinter?

Die Beispiele von Kiki und Bill zeigen, dass die Pubertät eine schwierige Phase sein kann. Die Resilienz der Kinder wird oft auf die Probe gestellt. Es ist nicht zufällig auch die Zeit, in der verletzliche Kinder mehr und mehr Schwierigkeiten haben. Dies lässt sich auch mit Zahlen belegen. Vor allem schwere psychische Störungen treten in dieser Entwicklungsphase zum ersten Mal auf. Wer seine Pubertät gut übersteht, hat nur noch ein relativ geringes Risiko, im späteren Leben ernsthafte psychische Probleme zu entwickeln. Das verleiht unserer Aufgabe als Eltern, Betreuer:innen oder Lehrer:innen Wichtigkeit, macht sie manchmal aber auch schwierig.

Wie erinnern Sie sich an Ihre eigene Pubertät? Wer hat Ihnen in dieser Zeit geholfen?

Als wir die Entwicklung des Mentalisierens, der Bindung und des epistemischen Vertrauens beschrieben haben, haben wir ausführlich darüber gesprochen, was in den ersten Lebensjahren passiert. Wir haben erörtert, wie wichtig es ist, darauf vertrauen zu können, dass die Bezugspersonen verfügbar sind, und darauf vertrauen zu können, dass diese die Bedürfnisse und Nöte des Kindes erkennen und darauf reagieren. Die unzähligen Erfahrungen, die Kinder in den Beziehungen zu ihren Eltern und anderen Bezugspersonen machen, schaffen eine grundlegende Vorstellung davon, wer sie selbst sind und was sie von anderen erwarten können. Mit diesem Fundament kommen Kinder im Alter von sechs Jahren in die Grundschule. Sie sind bereit, von anderen zu lernen und mit anderen zu spielen. Die Grundschulzeit ist für Eltern in der Regel die ruhigste Zeit. Wenn es überhaupt Sorgen gibt, dann sind sie nicht so groß. Bis die Pubertät einsetzt.

Nicht alle Heranwachsenden sind schwierig oder stellen uns vor Probleme, bei Weitem nicht. Aber wenn es eine Schwachstelle im Fundament des Kindes gibt, wird sie durch die Pubertät in der Regel noch vergrößert. Manchmal wird die Pubertät auch als die psychologische Geburt eines Menschen bezeichnet. Und so wie die biologische Geburt ein Stolperstein für körperlich empfindliche Kinder sein kann, so kann die Pubertät ein Stolperstein für psychisch empfindsame Kinder sein. Das hat viel mit all den Veränderungen und Herausforderungen zu tun, mit denen Heranwachsende konfrontiert werden.

Kiki war schon immer ein temperamentvolles Kind. Greta erinnert sich, dass sie als Kleinkind nicht in ihrem Laufställchen bleiben wollte. Kiki wollte immer bei Greta oder Louis, ihrem Vater, sein. Dann war sie immer gut gelaunt: Sie lachte viel und war sehr interaktiv. Das war auch für die Eltern angenehm, denn sie bekamen viel von ihrem Kind zurück. Manchmal war es aber auch anstrengend, denn Kiki konnte sich fürchterlich aufregen, wenn sie müde war oder wenn Greta und Louis etwas anderes zu tun hatten. Das machte sich besonders bemerkbar, als mit Leo ein zweites Kind dazukam. Greta erinnert sich noch gut daran, das Kiki in der Grundschule zwar immer Freundinnen hatte, es aber oft auch Spannungen zwischen ihr und ihrer damaligen Busenfreundin gab. Kiki konnte sehr traurig oder wütend sein, wenn sie enttäuscht wurde. Greta erinnert sich zum Beispiel daran, dass sie einmal nicht zur Geburtstagsparty einer Freundin eingeladen wurde. Deswegen war

sie zwei Tage lang völlig aufgelöst. Greta hatte das Gefühl, dass sie in solchen Momenten übertrieb.
Den Übergang zur weiterführenden Schule fand Kiki ziemlich aufregend. Sie war intelligent genug, hatte aber Angst, keine Freund:innen zu finden. Außerdem bekam Kiki im ersten Jahr ihre Periode. Dafür schämte sie sich sehr. Greta spürte, wie sie in diesem ersten Jahr mehr und mehr mit sich selbst zu kämpfen hatte. Sie fing an, sich zu schminken, aber auch dabei schien sie es zu übertreiben. Greta denkt manchmal sehnsüchtig an die Grundschule zurück, als alles einfacher war. Sie kann sich manchmal über Kiki ärgern, wenn die sie ausschließt. Und manchmal ist Kiki sogar richtig unverschämt. Dann beschimpft sie Greta nach allen Regeln der Kunst, um anschließend wieder zu verschwinden.

Haben Sie in Ihrem beruflichen oder privaten Leben erlebt, wie sich Menschen in der Pubertät verändern?

Jugendliche verändern sich in der Pubertät körperlich. Sie erleben einen Wachstumsschub und werden geschlechtsreif. Die Hormone, die dabei ausgeschüttet werden, bewirken, dass Jugendliche vorübergehend weniger gut mit Stress umgehen können. Sie reagieren oft gereizt, und ihre Emotionen spielen manchmal verrückt. Auch ihr Gehirn verändert sich. Zuerst wächst das »emotionale« Gehirn; erst später wachsen die Gebiete im vorderen Bereich des Gehirns, die für die Hemmung verantwortlich sind und in denen auch das explizite Mentalisieren stattfindet. Die Verbindungen zwischen den verschiedenen Hirnregionen werden neu geknüpft. Wenn wir uns Kiki anschauen, könnte es sein, dass diese Veränderungen dazu geführt haben, dass ihre Emotionen, die sie schon immer heftig erlebt hat, noch intensiver und leidenschaftlicher wurden, und dass Kiki noch nicht über die mentalisierenden Fähigkeiten verfügt, diese Emotionen zu verarbeiten. Kiki wird nicht einfach nur traurig, wenn zwischen ihr und einer Freundin etwas quer läuft, sondern sie ist extrem traurig. Sie kann die Intensität ihrer Emotionen selbst nicht ausreichend zügeln, zum Beispiel, indem sie die Ereignisse, die sie so aus der Fassung bringen, in die richtige Perspektive rückt. Bill seinerseits war vielleicht schon immer etwas schüchtern. Diese Schüchternheit scheint sich nun verstärkt zu haben und einer Scham gewichen zu sein.

Die körperlichen Veränderungen bringen neue Möglichkeiten mit sich und bereiten die Jugendlichen darauf vor, selbstständig in der Gesellschaft zurechtzukommen, doch sie gehen auch mit großen psychologischen Herausforderungen einher. Die Jugendlichen müssen sich ein Bild davon machen, wer sie sind, wo ihre Talente liegen, welche Ziele sie in ihrem Leben verfolgen wollen und welche Ausbildung und welcher Beruf zu ihnen passen. Sie müssen sich Schritt für Schritt von zu Hause lösen, um schließlich auf eigenen Beinen zu stehen. Sie müssen darauf vertrauen, dass sie das Leben meistern können, ohne ständig auf die Eltern oder andere Bezugspersonen zurückzugreifen. Jugendliche müssen stolz auf sich selbst sein können, stolz auf diesen sich verändernden Köper, ohne sich selbst zu überschätzen. Sie müssen lernen, sich an Vereinbarungen und Regeln zu halten, die in der Gesellschaft, etwa in der Klasse, bestehen. Sie müssen Beziehungen außerhalb ihrer eigenen Familie aufbauen, zum Beispiel in einer Gruppe von Freund:innen. »Wer bin ich?« und »Wie gehe ich Beziehungen mit anderen ein?« sind die beiden grundlegenden Fragen, auf die Heranwachsende Antworten formulieren müssen. Diese Antworten legen den Grundstein für ihr ganzes weiteres Leben.

Wie haben Sie im Laufe Ihrer Pubertät nach Antworten auf diese Fragen gesucht? Haben Sie ein Bild davon, wer Sie sind? Passt Ihr Beruf beispielsweise zu Ihrem Selbstbild? Welche Beziehungen sind für Sie wichtig? Haben Sie Beziehungen aufgebaut, mit denen Sie zufrieden sind?

Kiki hat mit diesen Herausforderungen zu kämpfen. Vielleicht verunsichern sie all diese Veränderungen, vielleicht fühlt sie sich allein. Vielleicht möchte sie mit ihrer Mutter reden, ärgert sich aber, wenn diese überfürsorglich reagiert. Dabei spielt möglicherweise eine Rolle, dass Kiki ihre Mutter und ihre Familie jetzt anders sieht als früher. Sie kann sich jetzt besser vorstellen, dass ihre häusliche Situation anders hätte sein können, dass ihre Mutter und ihr Vater als Eltern anders hätten sein können. Frühere oder aktuelle Ereignisse können eine andere Bedeutung bekommen. In Bills Situation ist es durchaus möglich, dass er die Konsequenzen der Scheidung seiner Eltern und der Tatsache, dass sein Vater sofort eine neue Beziehung eingegangen ist, jetzt anders wahrnimmt als vor einigen Jahren. Nun ist sich Bill dessen bewusster, er schämt sich vielleicht auch mehr dafür, findet es irre, dass sein Vater seine Mutter so schnell aufs Abstellgleis geschoben hat, und das auch noch für ein so junges Ding.

Auch von Eltern verlangt die Pubertät ihres Kindes Anpassungen: Sie müssen ihrem Kind Vertrauen vermitteln, es loslassen, ohne es ihrem Schicksal zu überlassen. In diesem Beispiel spürt man, wie Greta mit dieser neuen Beziehung zu kämpfen hat. Sie hat das Gefühl, dass Kiki sie mehr auf Distanz hält, spürt aber auch, dass Kiki sich zu sehr distanziert hat und vielleicht doch nicht so gut mit dem Leben zurechtkommt, wie sie es gerne möchte.

Unsere Gesellschaft ist auf diese Veränderungen eingestellt. Jugendliche wechseln zu Beginn der Pubertät die Schule. In der Grundschule verbringen die Kinder in der Regel mehrere Jahre gemeinsam in einer kleineren Schule, in der sie eine:n feste:n Lehrer:in haben. Die Gruppe ist klein und vertraut. Die weiterführenden Schulen sind oft größer, und die Heranwachsenden landen meist mit vielen anderen Kindern, die sie nicht kennen, in neuen Klassen. Sie haben oft verschiedene Lehrer:innen, die sich manchmal mehr, manchmal aber auch weniger auf sie abstimmen. Sie müssen also lernen, mit unterschiedlichen sozialen Gegebenheiten zurechtzukommen. Ihre schulische Laufbahn ist auch zunehmend auf einen Beruf oder eine weiterführende Ausbildung ausgerichtet. Die Gesellschaft gibt den Heranwachsenden außerdem nach und nach mehr gesetzlich festgelegte Freiheiten und überträgt ihnen mehr Verantwortung. Ihre Lebenswelt wird buchstäblich größer und ist für die Eltern viel schwieriger zu überblicken als zu ihrer Grundschulzeit.

Mit welchen dieser Veränderungen oder Herausforderungen hatten Sie in der Pubertät zu kämpfen? Wie hat sich das auf Ihre Stimmung ausgewirkt? Wenn Sie selbst Heranwachsende in der Pubertät im Haus haben, mit welchen Herausforderungen sehen Sie Ihr Kind konfrontiert?

10.2 Verletzliche Pubertierende und das hohe P

Die Pubertät ist also nicht zufällig die Zeit, in der viele psychische Probleme auftreten. Worin besteht die Verletzlichkeit und wie erkennen wir sie?

Noah und Lilly

Noah ist zu früh geboren und war seither immer ein bisschen ein Sorgenkindchen. Als Baby ließ er sich nur schwer trösten, er weinte viel und schlief nicht gut. Vor allem seine feinmotorischen Fähigkeiten entwickelten sich etwas verzögert, und er war fast zwei, als er seine ersten Worte sprach. In der Grundschule hatte er Lernschwierigkeiten, sowohl beim Lesen als auch beim Rechnen. Außerdem hatte Noah mehrere phobische Ängste, die ihn regelmäßig völlig aus der Fassung bringen konnten, und er war ohnehin ziemlich unruhig und agitiert. Glücklicherweise blieben seine Eltern standhaft. Sie gaben Noah die nötige Struktur, Sicherheit und Regelmäßigkeit. Sie besprachen Veränderungen immer im Voraus mit ihm und hielten einen engen Kontakt zur Schule. So konnte er trotz seiner Verletzlichkeit den Anschluss an den Unterricht in der Regelschule halten.

Lilly hat einen Rucksack voller belastender Erfahrungen zu schultern. Ihre Eltern trennten sich kurz nach ihrer Geburt, und der Kontakt zu ihrem Vater brach danach ab. Sie wuchs bei ihrer Mutter auf, doch diese starb plötzlich an einem Herzinfarkt, den Lilly als Siebenjährige miterlebte. Der Vater wollte sich nicht um sie kümmern, und da ihre Großeltern bereits zu alt waren, wurde sie in einer Pflegefamilie untergebracht. Die Pflegeeltern, die mehrere Pflegekinder betreuten, waren überfordert, woraufhin Lilly in eine andere Familie gebracht wurde. Trotzdem macht sich Lilly in der Schule gut. Sie möchte Krankenschwester werden und arbeitet hart für die Schule. Sie ist in der Klasse beliebt und hat einige Freundinnen. Die Pflegefamilie hat oft über eine Behandlung für Lilly nachgedacht, weil sie so viel durchgemacht hat. Doch es scheint ihr gut zu gehen und sie zeigt keine offensichtlichen Symptome.

Noah und Lilly sind zwei völlig unterschiedliche Jugendliche. Obwohl Noah aus einem stabilen Elternhaus stammt, ist er offenkundig verletzlicher als Lilly, die viel durchgemacht hat, aber immer gut damit fertiggeworden ist. Noahs Verletzlichkeit lässt sich auch nicht unter einem einzigen Etikett fassen. Es liegen kognitive Probleme, emotionale Schwierigkeiten, Hyperaktivität und Entwicklungsverzögerungen vor. Vielleicht sind auch soziale und andere Probleme im Spiel. In der Psychiatrie hat man die Angewohnheit, diese Probleme zu klassifizieren. In Noahs Fall könnte man von Lernstörungen (Dyskalkulie, Legasthenie), Angststörungen (Phobien) und Entwicklungsstörungen (Autismus-Spektrum-Störung, ADHS) sprechen. Aber ist das hilfreich?

Neuere Studien belegen, dass eine solche Einteilung in alle möglichen Diagnosen (das DSM-5, das bekannteste Klassifizierungssystem, zählt mehr als 150 davon!) wenig sinnvoll ist. Schließlich stellt man oft fest, dass Menschen, die Hilfe suchen, Merkmale verschiedener Diagnosen aufweisen. Wer trübsinnig ist, leidet auch eher unter Angstzuständen. Wer impulsiv ist, hat auch eher Verhaltensstörungen. Eigentlich könnte man sagen: Wer verletzlich ist, entwickelt eher Symptome einer Vielzahl von Diagnosen. Noah ist möglicherweise aufgrund von Veranlagung und seiner frühen Geburt besonders anfällig und hat daher ein stark erhöhtes Risiko, alle Arten von psychischen Problemen zu entwickeln: in der Kindheit womöglich eher Lernschwierigkeiten und Entwicklungsverzögerungen, als Jugendlicher vielleicht viele Ängste und Zwänge und als junger Erwachsener vielleicht psychotische oder andere schwere Symptome. Vergleichen Sie es mit Intelligenz. Wir alle sind mehr oder weniger intelligent, und diese Intelligenz äußert sich im Laufe unseres Lebens in Fähigkeiten und Defiziten in verschiedenen Bereichen wie Wortschatz, Allgemeinwissen, Verarbeitungsgeschwindigkeit, Gedächtnis, räumliches Vorstellungsvermögen ... Wer im Allgemeinen begabt ist, neigt dazu, es in mehreren dieser Bereiche zu sein, auch wenn sich das in verschiedenen Lebensaltern unterschiedlich zeigt.

Neuere Studien ziehen genau diesen Vergleich zwischen Anfälligkeit für psychische Probleme und Intelligenz. Wie bei der Intelligenz lässt sich möglicherweise auch ein allgemeines Maß für psychische Probleme angeben, in diesem Fall für Verletzlichkeit. Eine Art IQ, aber für psychische Resilienz oder Verletzlichkeit. Wir nennen ihn den *P-Faktor*. Je höher der P-Faktor, desto größer ist die Verletzlichkeit bzw. die Anfälligkeit einer Person für die Entwicklung psychischer Probleme. Der P-Faktor besagt im Grunde, dass wir eine psychische Störung nicht einfach so oder unabhängig von anderen Problemen entwickeln, sondern dass sie Ausdruck einer größeren oder geringeren Verletzlichkeit ist. Manche Menschen sind sehr verletzlich und haben daher im Laufe ihres Lebens häufig psychische Probleme. Andere Menschen verfügen über eine große psychische Resilienz. Natürlich können auch sie vom Leben auf die Probe gestellt werden, aber im Allgemeinen können sie mehr negative Ereignisse oder Veränderungen im Leben bewältigen, ohne dadurch aus der Balance zu geraten.

In dem Beispiel sehen Sie, dass Noah ein hohes P aufweist: Er ist möglicherweise genetisch und biologisch belastet und kann bei der kleinsten Veränderung oder Belastung in seinem Leben viele psychische Symptome entwickeln. Für Noah kann die Pubertät wirklich ein Stolperstein sein. Glücklicherweise haben seine Eltern ein gutes Gespür dafür und geben ihm die Struktur und die Sicherheit und Unterstützung, die er braucht, um sich bestmöglich zu entwickeln. Lilly hingegen ist sehr resilient. Sie hat viel durchmachen müssen, behält aber ihr Ziel, Krankenschwester zu werden, weiterhin im Auge, kann ihre Aufgaben erfüllen (z.B. zur Schule gehen) und hat gute Beziehungen zu Gleichaltrigen.

Die Pubertät ist für verletzliche Jugendliche eine besondere Herausforderung. Sie bringt so viele Veränderungen und Herausforderungen mit sich, dass sich selbst bei einer minimalen psychischen Verletzlichkeit Symptome ergeben können. So belegen Studien, dass sich zehn bis 25 Prozent der Jugendlichen gelegentlich selbst verletzen oder Gedanken an den Tod haben. Gerade wegen der hormonellen und neuronalen Veränderungen äußern sich die Symptome bei Jugendlichen oft zuerst als Gefühlsschwankungen und Impulsivität. Man könnte sagen, dass diese Symptome die Verletzlichkeit am schnellsten zeigen, aber nicht unbedingt immer auf eine gravierende Verletzlichkeit hinweisen.

Mädchen und Jungen entwickeln oft etwas unterschiedliche Symptome. Mädchen tendieren in der Regel eher zu Symptomen emotionaler Störungen wie Ängste, Depressionen oder Essstörungen, während bei Jungen eher Symptome von Verhaltensstörungen auftreten. Je mehr die Verletzlichkeit (P) zunimmt, desto mehr entwickeln Jungen wie Mädchen häufig Symptome verschiedener Störungen, im emotionalen Bereich ebenso wie im Verhaltensbereich.

> Kennen Sie in Ihrem Umfeld Beispiele für Jugendliche und Erwachsene mit einer großen psychischen Verletzlichkeit (P)? Wie schätzen Sie diese Verletzlichkeit bei sich selbst ein?

Was sorgt Ihrer Ansicht nach dafür, dass Menschen mehr oder weniger verletzlich sind? Wie könnten Sie das mit dem in Verbindung bringen, was Sie in diesem Buch gelesen haben?

10.3 Bindung, Mentalisieren und epistemisches Vertrauen

Rekapitulieren wir die drei miteinander zusammenhängenden Grundthemen, die wir in diesem Buch besprochen haben – Bindung, Mentalisieren und epistemisches Vertrauen – und bringen wir sie mit Resilienz und Verletzlichkeit in Verbindung. Neben biologischen Faktoren beeinflussen natürlich vor allem die Erfahrungen, die Menschen in ihren ersten Lebensjahren machen, ihre Verletzlichkeit. Zurück zu Sophie, die wir im Beispiel von Kapitel 5 kennengelernt haben:

Sophie und Julia

Sophie ist die Tochter von Julia, die selbst als Kind emotional vernachlässigt und sexuell missbraucht wurde. Als Kind erlebt Sophie im Kontakt mit Julia große Unsicherheit. Sie kann nicht darauf vertrauen, dass Julia verfügbar ist. Außerdem ist Julia unberechenbar, sodass Sophie oft nicht weiß, was sie erwarten darf. Sie ist desorganisiert gebunden. Sophies Grundgefühl kann »Unsicherheit« sein. Sie verschließt sich gegenüber ihrer Umgebung. Sie möchte vielleicht einem netten Lehrer vertrauen, traut sich aber nicht. Sie wächst mit der Vorstellung auf, dass sie ein wertloses Kind ist. Sie versucht, die Stimmungen ihrer Mutter gut einzuschätzen und vorherzusagen, sodass sie nichts tut, was Julia in Rage bringt. Ihren eigenen »Kram« behält sie für sich. Sie hat nie die Erfahrung gemacht, dass andere etwas mit ihren Gefühlen anfangen können. Auch sie selbst kann damit nichts anfangen. Sophie versucht, ihre Emotionen zu verdrängen, sie nicht zu fühlen. Sie hält Abstand zu anderen. In der Pubertät wird es immer schwieriger, in Balance zu bleiben. Sie trinkt oft allein in ihrem Zimmer, um alle Emotionen zu betäuben. Sie verletzt sich fast jede Nacht. Neulich, als ein Junge Interesse an ihr zeigte, ging sie mit ihm ins Bett. Einen Moment lang fühlte sie sich geliebt, aber danach fühlte sie sich nur noch elender. Sie denkt oft an Suizid.

Lassen Sie uns auch Lilly, das Mädchen, das schon so viel durchgemacht hat, näher betrachten:

Lilly

Lilly ist oft traurig, wenn sie an ihre Mutter zurückdenkt. Sie hatten eine gute Zeit zusammen. Ihre Mutter sprach regelmäßig über ihren Vater und warum sie nicht zusammengeblieben waren. Doch sie war nie vorwurfsvoll. Opa und Oma kamen oft zu ihnen nach Hause und Lilly hatte ein gutes Verhältnis zu ihnen. Nach dem Tod ihrer Mutter sprach Oma noch oft über sie. Lilly hatte damals eine nette Klasse. Es war schön, dass in der Schule einfach alles weiterlief. Als sie ein bisschen älter war, machte Lilly eine schwierige Zeit durch. Sie war sehr wütend auf ihre Mutter, weil sie nicht mehr da war. Warum konnte sie nicht einfach Eltern haben, die ihr halfen, wie andere Kinder auch? In der Pflegefamilie, in der sie jetzt lebt, erkannten die Eltern zum Glück, dass es Lilly nicht gut ging. Sie hatten ein offenes Ohr für ihre Wut. Lilly fing dabei schnell an zu weinen, weil sie spürte, wie sehr sie ihre Mutter vermisste. Sie erzählte ihrer Pflegemutter, dass sie gerne bei ihnen war, aber gleichzeitig Angst hatte, dass sie wieder gehen müsse. Ihre Pflegemutter sagte, dass sie das verstehe und dass auch sie nicht versprechen könne, dass ihnen nie etwas zustoßen werde, aber dass sie jetzt sehr froh sei, dass sie so miteinander darüber reden könnten.

Bevor Sie weiterlesen, befassen Sie sich einen Moment mit den beiden Beispielen. Was denken Sie, wie sich die beiden Mädchen voneinander unterscheiden?

In diesen Beispielen können wir uns in die Köpfe von Sophie und Lilly hineinversetzen. Darin sehen wir, warum Sophie verletzlich und Lilly resilient ist, warum Sophie gefährdet ist, alle möglichen psychischen Probleme zu entwickeln, und dass Lilly viel stabiler ist. Wir können nachempfinden, wie unsicher die Welt für Sophie ist, und zwar sowohl ihre innere als auch ihre äußere Welt. Sophie ist desorganisiert gebunden und epistemisch sehr misstrauisch. Sie traut den anderen nicht und sie traut ihren eigenen Emotionen nicht. Sophie kann sich selbst oder andere nicht gut mentalisieren. Sie fällt schnell in einen prämentalisierenden Modus. Manchmal befindet sie sich im Als-ob-Modus, dann kann sie sich leer oder öde fühlen. Oft befindet sie sich jedoch in einem psychischen Äquivalenzmodus. Sie ist wertlos. Anderen ist nicht zu trauen. Sie traut sich nicht mehr, etwas von anderen anzunehmen. Alles bestätigt die Überzeugungen, die sie bereits über sich selbst, andere und die Welt hatte. Sophie kapselt sich von anderen ab und lernt nichts mehr von ihrem sozialen Umfeld. Sie hält starr an dem fest, was sie weiß: an ihren Überzeugungen über sich selbst, die anderen und die Welt, an ihrer Art, mit sich selbst und ihren Gefühlen umzugehen, an ihrem Interaktionsmuster mit anderen ... Sophie hat es auf diese Weise geschafft, die Unberechenbarkeit im Kontakt mit Julia zu überleben, doch sie hat sich so sehr von der Außenwelt abgeschottet, dass sie keinen Raum mehr hat, um zu lernen und sich zu verändern.

Lilly ist hingegen ziemlich sicher gebunden. Sie büßt ihre Fähigkeit zu mentalisieren zwar manchmal ein, beispielweise wenn sie an ihre

Mutter zurückdenkt, erholt sich aber schneller und hat mehr epistemisches Vertrauen. Daher ist sie in diesem Beispiel offen für ihre Pflegemutter und das, was diese sie über sie selbst, ihre Mutter und ihre Beziehung lehrt. Sie traut sich, sich mit dem, was sie erlebt, zu befassen, und erlaubt ihrer Pflegemutter, mit ihr mitzudenken. Sie spürt dann, wie viel Angst sie hat, auch diese Pflegeeltern zu verlieren, aber sie erkennt, dass das nur eine Angst ist. Sie *sind* nicht weg. Sie kann mit ihrer Pflegemutter über diese Angst sprechen und sie so wieder in die richtige Perspektive rücken. Sie kann auch über ihre Wut sprechen, was ihr hilft zu erkennen, dass darin auch ein Stück Sehnsucht nach ihrer Mutter steckt. Das hilft Lilly, wieder nach vorne zu schauen. Im Gegensatz zu Sophie hat sich Lilly nicht abgeschottet und bleibt offen. Sie lernt noch und bleibt flexibel. Das schafft Raum, die Dinge, die geschehen sind, anders zu betrachten. Sie steckt nicht in der Vorstellung fest, dass sie irgendwann sowieso von allen verlassen wird. Ja, diese Angst besteht, aber indem sie mit ihrer Pflegemutter darüber spricht, beschäftigt sie sich weiter damit, und die Angst wird nicht zu einer unerschütterlichen Wahrheit in ihrem Kopf.

Rigidität ist das charakteristische Merkmal von Verletzlichkeit, und Flexibilität ist das charakteristische Kennzeichen von Resilienz. Wer über genügend Flexibilität verfügt, um sich an unangenehme Ereignisse (z. B. die Scheidung der Eltern), Veränderungen und Herausforderungen, mit denen er in seiner Entwicklung konfrontiert wird (z. B. die Pubertät), anzupassen, hat festeren Boden unter den Füßen. Psychisch verletzliche Menschen neigen hingegen dazu, rigide zu sein. Sie klammern sich beispielsweise an gewisse Überzeugungen (»Spinnen sind gefährlich«, »Menschen nutzen dich aus, wenn du dich verletzlich zeigst«). Und sie interpretieren alles, was sie erleben, im selben Bedeutungsrahmen (»Siehst du, er sieht mich auch schon komisch an, als würde er mir nicht glauben«). Außerdem reagieren sie oft auf die gleiche Weise (sie gehen z. B. immer zum Angriff über, wenn sie kritisiert werden) oder landen immer wieder schnell bei den gleichen Emotionen (z. B. werden sie immer unruhig, wenn ihr:e Partner:in zu spät nach Hause kommt).

Rigidität bedeutet, dass man nichts mehr aus Erfahrungen lernt: Auch wenn sich herausstellt, dass dieser Hund nicht gefährlich ist, lässt sich diese Erfahrung nicht auf andere Hunde übertragen. Selbst wenn sich der eigene Partner immer als vertrauenswürdig erwiesen hat, misstraut man ihm weiterhin. Die Rigidität wird oft durch epistemisches Misstrauen aufrechterhalten: Man traut dem anderen nicht zu, dass er ein Mensch ist, von dem man lernen kann. Und so verschließt man sich in der eigenen Wahrheit, in der Art, wie man sich selbst, die Welt und die Menschen in seinem Umfeld wahrgenommen hat, und in der die Art, wie man schon immer über andere gedacht hat. Aufgrund des epistemischen Misstrauens kann sich an den eigenen Vorstellungen, der eigenen Wahrheit nicht mehr viel ändern.

Damit ist das Puzzle komplett. Wenn man ausreichend sicher ist, hat man den Mut, sich selbst und anderen zu vertrauen. Dadurch steht man sich und seinen eigenen Bedürfnissen näher und kann sich besser auf andere abstimmen, was bedeutet, dass man besser *mentalisiert*. Man erkennt daher besser die guten und weniger guten Absichten anderer und kann daher anderen gegenüber *epistemisches Vertrauen* empfinden – wenn ihre Intentionen gut sind und man etwas von ihnen lernen kann. Man kann dieses epistemische Vertrauen jedoch auch zurückstellen und wachsam bleiben – wenn der andere nicht so vertrauenswürdig ist. Sichere Bindung, Mentalisierung und epistemisches Vertrauen bilden somit die Grundlage für *Flexibilität*: Man ist offen für neues Wissen, Lernerfahrungen und Einsichten, die andere mit einem teilen, und kann sich schwierigen Lebensumständen gut anpassen. Wenn man dagegen unsicher gebunden ist, vertraut man sich und anderen oft nicht genug. Man mentalisiert sich selbst und andere nicht so gut und kann von der Intensität seiner eigenen Emotionen überwältigt werden, oder man entkoppelt sich von seinen eigenen Emotionen und Bedürfnissen. Man stellt zu viele Vermutungen über andere an und wird zu schnell argwöhnisch gegenüber den Absichten anderer. Dadurch wird man auch schneller epistemisch misstrauisch oder erhöht wachsam, und nimmt nichts mehr von anderen an. Infolgedessen bleibt man in seinem eigenen rigiden Denken, Fühlen und Erleben befangen.

Vielleicht sollten Sie das oben Gesagte eine Weile sacken lassen. Es ist das Herzstück der ganzen Theorie in diesem Buch. Es fasst zusammen, wie wir über Resilienz, Elternschaft und Entwicklung denken. Wir machen Kinder resilienter, wenn wir sie darin unterstützen, (wieder) etwas von vertrauten Personen zu lernen, damit sie sich selbst dann flexibel anpassen können, wenn das Leben schwierig ist. Wir tun dies, indem wir eine Verbindung zu ihnen herstellen, ihnen Sicherheit geben und ihnen helfen, sich selbst und andere besser zu mentalisieren. Denn selbst wenn das Fundament verletzlich ist, ist nicht alles verloren. Auch nicht für Sophie.

10.4 Resilienz in der Pubertät stärken

Probleme mit der Bindung, dem Mentalisieren und dem epistemischen Vertrauen werden in der Pubertät mit all ihren Herausforderungen und Veränderungen noch verstärkt. Sie haben das bei Sophie gesehen: Sie hatte schon immer eine desorganisierte Bindung und vielleicht schon immer ein großes epistemisches Misstrauen, doch erst als sie sich körperlich verändert, sich ihrer Identität bewusster wird und enge Beziehungen außerhalb der Familie eingehen muss, ist sie völlig überfordert.

Wir haben zuvor bereits erklärt, dass Heranwachsende sich mit zwei großen Fragen konfrontiert sehen: »Wer bin ich?« und »Wie gehe ich Beziehungen mit anderen ein?«. Für Kinder mit einem Fundament aus unsicherer Bindung und einem Mangel an epistemischem Vertrauen sind diese Fragen nur schwer zu beantworten. Jugendliche, die unsicher gebunden sind, werden vielleicht zu ängstlich, wenn sie auf eigenen Beinen stehen müssen. Sie klammern sich weiterhin an ihre Eltern und schaffen es nicht, diese Beziehung zu verändern. Oder sie klammern sich an Gleichaltrige. Ihnen fehlt das Selbstvertrauen, eigene Identitätsentscheidungen zu treffen. Vermeidend gebundene Kinder können hingegen gerade zu sehr darauf bedacht sein, auf eigenen Beinen zu stehen, sie entziehen sich ihren Eltern und lassen sich nicht mehr leiten. Sie haben zu wenig Vertrauen in andere, um ihnen zu erlauben, das Steuer in einer Phase zu übernehmen, in der sie selbst noch nicht alles überblicken.

Was können wir tun, um Kinder in dieser für manche schwierigen Phase resilienter zu machen? Im Grunde genommen läuft es auf Folgendes hinaus:

- Denken Sie noch bewusster als bisher über das Kind nach.
- Nehmen Sie bewusst Kontakt mit ihm auf.
- Helfen Sie ihm, besser zu mentalisieren.

Schauen wir uns an, wie das bei Kiki und Bill funktioniert hat:

Greta und Kiki

Greta spürt, dass etwas mit Kiki los ist. Wie kann sie mit Kiki darüber reden? Schließlich hält Kiki sie immer auf Distanz. Deshalb scheut Greta auch ein wenig vor dem Gespräch zurück. Wir können mit Greta über das Erleben, das hinter Kikis Verhalten steht, nachdenken (mentalisieren). Möglicherweise schämt sie sich vor ihrer Mutter. Sie war immer so ein nettes Kind – das sagt ihre Mutter immer noch regelmäßig – und jetzt fühlt sie sich ganz und gar nicht nett zu Haus. Vielleicht fühlt sie sich so, als wäre sie eine Last? Oder fürchtet sie, dass Greta überfürsorglich reagieren könnte? Oder dass sie sofort sagen werde, dass sie eine Therapie brauche, wo Kiki selbst doch sowieso schon fürchtet, dass sie ein bisschen seltsam ist? Greta könnte das Gespräch mit Louis suchen, und gemeinsam könnten sie über Kikis und ihren eigenen mentalen Zustand nachdenken und einen guten Ansatz für das Gespräch mit Kiki suchen. Louis hat darüber vielleicht andere Vorstellungen als Greta, was ihr helfen könnte, neue Blickwinkel zu entdecken. Sie können darüber nachdenken, wer von ihnen beiden am besten geeignet wäre, mit Kiki ins Gespräch zu kommen. Vielleicht Greta, die Kiki schon immer näher stand, aber vielleicht auch gerade deshalb zu emotional reagiert? Oder Louis, der etwas weniger betroffen ist, wenn Kiki distanziert reagiert, und der für Kiki emotional vielleicht auch etwas weniger vorbelastet ist? Sie können darüber nachdenken, wie schwierig oder aufregend sie selbst es finden, dieses Gespräch anzugehen, und wie schnell sie selbst in diesem Gespräch emotional oder gereizt werden könnten. Sie können darüber nachdenken, wie sie an Kiki herantreten wollen und welche Auswirkungen es auf Kiki haben wird, wenn sie so oder anders vorgehen. Und sie können sich überlegen, was sie ihr sagen wollen.

Alex und Bill

Alex seinerseits könnte bei seinen Kolleg:innen vorfühlen, ob sie die Veränderungen bei Bill ebenfalls bemerkt haben und ob sie eine Vorstellung davon haben, wie es ihm geht. Dabei geht es nicht nur darum, ob sie vielleicht eine Hypothese darüber haben, dass Bill es mit der Scheidung schwer hat, sondern auch darum, welche Auswirkungen die Scheidung (und andere Dinge) darauf haben, wie sich Bill fühlt, wenn er so allein in der Schule herumläuft. Alex könnte zum Beispiel vertreten, dass Bill sehr unsicher ist und sich einsam und traurig fühlt. Vielleicht würde er gerne Anschluss in der Klasse finden, ist aber zu unsicher und zu sehr mit sich selbst beschäftigt, um die Initiative zu ergreifen. Er könnte darüber nachdenken, welche Auswirkungen es auf Bill hat, wenn er sich mit ihm auf ein persönliches Gespräch darüber einlässt. Wenn Bill ihm zunächst eine Abfuhr erteilt, könnte auch das eher Ausdruck seiner Unsicherheit und Scham sein und muss nicht bedeuten, dass er nicht wirklich das Bedürfnis hat, mit ihm darüber zu reden. Alex ist sich bei all dem nicht sicher, er versucht aber, sich ein Bild davon zu machen.

Das Erste, was Eltern, Lehrer:innen oder andere Begleiter:innen tun können, ist, gut zu *mentalisieren*: sich selbst und den Jugendlichen in der Pubertät. Dabei kann es nützlich sein, das eigene Team einzubeziehen: Kolleg:innen, Freund:innen, Partner:innen … Man kann sich natürlich nie sicher sein, aber über sein Kind nachzudenken und sein Verhalten mit einem frischen Blick zu betrachten, kann helfen, sich besser auf es abzustimmen. Erinnern Sie sich an das Kapitel über Bindung: Die Abstimmung ist besser, wenn man in der Lage ist, kongruent (passend oder anknüpfend) und markiert (gut reguliert) zu spiegeln. Das macht es erforderlich, die eigenen Emotionen, die im Kontakt geweckt werden, gut verstehen und händeln zu können.

Nehmen Sie einmal ein aktuelles Beispiel Ihres eigenen Kindes, eines Schülers oder einer Klientin. Nehmen Sie sich einen Moment Zeit, um bewusst darüber nachzudenken, was in diesem Moment in ihm oder ihr vorgegangen sein könnte, wie es auf Sie gewirkt hat und wie es für diesen Menschen und für Sie gewesen wäre, ein Gespräch darüber zu führen.

Wenn Sie ein Gespräch suchen, dann zeigen Sie *Engagement*. Dazu können sie ostensive Reize nutzen: Sie suchen Ihr Kind in seinem Zimmer auf, sehen es an, nehmen sich Zeit, nennen seinen Namen. Sie strahlen aus: Das ist mir wichtig. »Ich finde dich wichtig. Ich finde, das, was du fühlst und erlebst, wichtig.« Ostensive Reize bilden die Grundlage für die Kontaktaufnahme. Denken Sie nur an das in Kapitel 6 besprochene Experiment zurück, in dem Kleinkinder sich zwischen zwei Gegenständen entscheiden sollten.

Greta und Louis beschließen, dass Louis mit Kiki sprechen wird. Er wählt einen Zeitpunkt, an dem Kiki in ihrem Zimmer ist und keine Schularbeiten mehr zu erledigen hat. Nachdem er an die Tür geklopft hat, tritt er ein. »Kiki, ich würde sehr gerne mit dir reden«, sagt Louis, während er sie ansieht und sich auf das Bett setzt. Kiki spürt: Papa ist es ernst.

> Echte Kontaktaufnahme ist manchmal aufregend. Haben Sie wirklich den Mut, einer Schülerin oder einem Klienten zu signalisieren: Du bist von Bedeutung?

Wenn die Basis für den Kontakt gelegt ist, können Sie *Fragen stellen*. Der beste Weg herauszufinden, was Ihr Kind bewegt, und ihm dabei zu helfen, sich selbst und seine Emotionen besser zu verstehen, besteht darin, offene Fragen zu stellen. Helfen Sie Ihrem Kind vor allem, Zugang zu sich selbst zu finden. Natürlich können Sie ihm auch selbst immer wieder erklären, was los ist und warum es so regiert, wie es reagiert; Sie können Ihr Kind auch beruhigen oder die Probleme für es lösen, aber das wird ihm auf Dauer nicht helfen. Wichtig ist, dass Ihr Kind beginnt, sich selbst zu verstehen. Was es fühlt, bedeutet etwas.

Wenn Sie erst einmal besser wissen, was los ist, können Sie kongruenter spiegeln, zum Beispiel, indem Sie wiedergeben, wie Sie Ihr Kind verstehen. So regen Sie Ihr Kind an zu mentalisieren, was ihm die Möglichkeit gibt, seine eigenen verwirrenden Gefühle besser zu verstehen. Denken Sie etwa an ein Baby, das nur Unlust empfindet und einen Elternteil braucht, um diese Anspannung zu begreifen und damit fertigzuwerden. Aufgrund der vielen Veränderungen sind auch bei Jugendlichen in der Pubertät die Emotionen vor allem von Unlust und Anspannung geprägt. In dieser Situation zu verlangsamen, die Möglichkeit zu eröffnen, sich damit zu befassen und darauf zuzugehen, kann Ihrem Kind helfen, sie besser in den Griff zu kriegen. Außerdem wird es auch Ihnen selbst helfen, Ihr Kind besser zu verstehen. Was es auch leichter macht, seinen mentalen Zustand zu erfassen und gut daran anzuknüpfen. Ein heranwachsender Mensch, der spürt, dass sein Gegenüber sich wirklich bemüht, ihn zu verstehen, und der sich in seinen Gefühlen gesehen und anerkannt fühlt, wird sich sicherer fühlen. Zusammen schaffen Abstimmung und Sicherheit epistemisches Vertrauen: Wenn Ihr Kind die Erfahrung macht, dass Sie es wirklich von innen heraus verstehen, ist es viel wahrscheinlicher, dass es Sie bei Dingen, mit denen es ringt, mitdenken lässt.

Alex sucht nach dem Unterricht nach Bill. »Bill, ich würde gerne mit dir reden.« Alex schildert seine Beobachtung: »Ich habe den Eindruck, dass du dich öfter zurückziehst. Ich wollte gerne wissen, wie es dir geht.« Bill erschrickt über Alex' Frage. Er hatte gehofft, dass es niemand bemerken würde. »Alles okay, kein Problem«, sagt er schnell. Alex zögert einen Moment: Soll er Bill in Ruhe lassen oder weiterfragen? Er merkt, dass er Bill nicht wirklich glaubt, es sei alles in Ordnung. »Bill, ich würde dir gerne glauben, aber ich bezweifle, dass alles okay ist. Es ist vielleicht eine unangenehme Frage für dich, aber ich frage mich ernsthaft, wie es dir geht. Ich habe gesehen, wie du dich im letzten Jahr verändert hast, und habe manchmal den Eindruck, dass du nicht mehr so fröhlich bist wie früher.« Bill hat gemischte Gefühle dabei. Irgendwie ist er froh, dass Alex ihn anspricht, aber auf gar keinen Fall will er, dass daraus ein großes Ding gemacht wird.

»Echt, es geht schon. Ich brauche nichts Besonderes.« Alex bemerkt ein gewisses Zögern bei Bill: »Weißt du, Bill, ich hatte auch nicht vor, etwas Besonderes zu machen. Ich wollte einfach kurz mit dir reden.«

Dass Alex nicht gleich seine Mutter anrufen will oder ihn als schweren Problemfall behandelt, beruhigt Bill ein wenig. Er öffnet sich ein wenig mehr: »Es ist einfach anders als im letzten Jahr.« Alex geht abgestimmt darauf ein: »Ja, ich glaube, das sehe ich dir auch an. Was ist anders?« Er spürt, dass er nicht zu viele weitere Fragen stellen und sich auf Bills Eröffnung einlassen sollte. Vorsichtig beginnt Bill, etwas mehr zu erzählen: »Ich weiß es nicht mehr so genau. Letztes Jahr schien alles wie von selbst zu laufen. Jetzt ist alles so enttäuschend.« »Was ist so enttäuschend?« Bill fährt fort: »Ich fühle mich in meiner Klasse nicht mehr so zu Hause. Marco hat die Klasse gewechselt und ich weiß nicht so recht, mit wem ich jetzt rumziehen soll.« Alex spiegelt das: »Es scheint dir ganz schön zuzusetzen, dass du dich in der Klasse weniger zu Hause fühlst.« Bill fährt fort: »Ich finde es auch schwer, auf die anderen in der Klasse zuzugehen. Die sind nicht gerade von mir begeistert.« Bill spiegelt: »Ich verstehe, dass du vielleicht ein bisschen unsicherer bist, wenn es darum geht, neue Kontakte zu knüpfen. Ob sie wirklich nicht von dir begeistert sind, kann ich nicht sagen, aber wenn du das so empfindest, macht dich das möglicherweise noch unsicherer.«

Alex und Bill unterhalten sich noch eine Weile. Bill merkt, dass es ihm guttut, über die Dinge zu reden, die ihn bedrücken. Er findet es gut, dass Alex nicht sofort mit Lösungen kommt, zum Beispiel mit dem Rat, er solle sich doch in der Klasse neben jemanden setzen, mit dem er sich dann »anfreunden« könne. Er fühlt sich von Alex auch nicht beurteilt. Die Tatsache, dass Alex infrage stellt, ob seine Klassenkameraden wirklich nicht von ihm begeistert sind, hat ihn auch ein wenig zum Nachdenken gebracht. Als sich Bill in der nächsten Stunde neben Nils setzt, schaut dieser ihn kurz an. Bill schaut zurück und lächelt.

Alex versucht, Raum zu kreieren, sodass es für Bill sicher wird, etwas zu erzählen. Er versucht, gut an Bills mentalen Zustand anzuknüpfen. Als er spürt, dass ihm das gelingt, unterstützt er Bill, indem er ihn spiegelt. Er nimmt eine schlecht mentalisierende Äußerung von Bill (»Sie sind nicht gerade von mir begeistert«) ernst, ohne ihr zuzustimmen. Das Ziel besteht nicht darin, dass Alex am Ende des Gesprächs »weiß«, was mit Bill los ist. Es geht vielmehr darum, Kontakt aufzunehmen, eine Verbindung herzustellen und so etwas wie eine Offenheit bei Bill zu schaffen, die es ihm ermöglicht, ein wenig flexibler zu werden. Im Kontakt mit Alex kann Bill die Erfahrung machen, dass zumindest nicht alle »nicht gerade begeistert von ihm sind«. Alex pflanzt ein ganz kleines Samenkorn ein, wodurch Bill in der Stunde nach dem Gespräch möglicherweise etwas anders in der Klasse sitzt.

Sie spüren vielleicht schon die Anspannung, die in einem solchen Gespräch steckt. Bill kann schnell denken, dass Alex ein Problem daraus machen will (sprich: ihn in Verlegenheit bringen will). Und Kiki kann hinter Louis' Besuch in ihrem Zimmer schnell etwas Negatives vermuten: Habe ich was falsch gemacht? Warum mischst du dich bei mir ein? Bist du enttäuscht von mir? Das alles sind Anzeichen dafür, dass sie weniger gut mentalisieren, wenn sie angespannt sind. Vor allem Jugendliche gehen dann oft in ihren Vermutungen über die Absichten anderer wie Eltern oder Lehrer ziemlich weit. Es ist daher wichtig, selbst transparent zu sein und sich sozusagen genügend zu »untertiteln«.

Louis merkt, dass Kiki überrascht ist, ihn so auf ihrem Bett sitzen zu sehen. Er klärt sie auf: »Ich kann mir vorstellen, dass du überrascht bist, dass ich hier sitze und nicht Mama. Wir haben zusammen darüber gesprochen und dachten, es wäre etwas einfacher, wenn ich mit dir rede. Du fragst dich vielleicht, warum wir uns mit dir unterhalten wollen. Nun, wir machen uns Sorgen und finden, dass wir nicht so recht schlau aus dir werden. Ich bin hier, weil ich denke, dass es wirklich wichtig ist, besser zu wissen, was los ist.«

10.5 Resilienz verstärkt sich selbst

Lehrer:innen, Berater:innen und vielleicht auch Eltern fragen sich vielleicht, welchen *Unterschied* sie machen können? Vielleicht spürt Sophies Lehrerin, wie groß Sophies Belastung ist, und sie weiß auch, wie viele Probleme ihre Mutter Julia hat. Wie sinnvoll ist es dann, das zu tun, wofür wir hier in diesem Buch ständig werben: Mentalisieren,

Kontakt herstellen und epistemisches Vertrauen schaffen? Um es ganz klar zu sagen: Das ist sehr sinnvoll. Eine einzige Lehrkraft, eine einzige Bezugsperson kann, selbst bei äußerst verletzlichen Kindern, den Unterschied machen. Studien belegen, dass es Erwachsenen, die eine einzige unterstützende Person aus ihrer Kindheit benennen können – eine Großmutter, eine Tante, eine Nachbarin, eine Lehrerin –, nach einer Therapie besser geht als Menschen, denen eine solche Person fehlte.

Kehren wir für einen Moment zu Alex und Bill zurück. Am Ende des Beispiels ist etwas passiert, was die Wirkung des Gesprächs deutlich macht. Alex hat dazu beigetragen, dass Bill sich »öffnete«. Bill, der konstant davon ausging, dass seine Klassenkameraden nicht gerade begeistert von ihm sind, kam kurz ins Zweifeln und hatte zumindest bei Alex erfahren, dass der ihn mochte. Es entsteht so etwas wie epistemisches Vertrauen, dessen Wirkung wir in Bills ersten Kontakt danach erkennen können: Bill nimmt den Blickkontakt mit seinem Klassenkameraden etwas anders wahr als zuvor. Er ist weniger rigide und betrachtet die Welt um ihn herum mit etwas anderen Augen. Vielleicht reagiert er dieses Mal auch ein wenig anders auf den Blick. Er lächelt kurz, sodass sein Klassenkamerad seinerseits auch so etwas wie Verbindung erlebt. Und so ist mit Alex' Gespräch ein Samenkörnchen eingepflanzt worden, das in Bills Beziehungen etwas anderes auslöst.

Wir nennen diesen Prozess *Salutogenese*, die Verstärkung gesunder Entwicklungen, durch die eine Positivspirale entsteht. Indem Alex als Lehrer wirklich mit Bill Kontakt aufnimmt, setzt er einen solchen Prozess in Gang. Er schafft eine Offenheit, die sich auf andere Kontakte auswirkt. Bei diesen anderen Kontakten kann sich Bill wirklich verändern. Er kann empfänglicher für das Gute an seinen Mitschüler:innen werden und angemessener auf sie reagieren, statt den Kontakt zu ihnen in einem Zustand erhöhter epistemischer Wachsamkeit abreißen zu lassen. Bill und Nils bekommen einen gewissen »Draht zueinander«, und darauf kann Bill weiter aufbauen. Durch solche Interaktionen wird Bill letztlich in der Lage sein, sich selbst und die Welt wieder anders zu erleben. Das ist der Kern der *Wiederherstellung*.

Natürlich ist Bills Fundament stabiler als das von Sophie. Sophie benötigt möglicherweise eine Therapie, in der systematisch und strukturiert daran gearbeitet wird, ihr Mentalisierungsvermögen und ihr epistemisches Vertrauen wiederherzustellen. Darüber hinaus braucht auch ihre Mutter Julia Hilfe: Wenn sie weiterhin unberechenbar und dereguliert bleibt, ist es fraglich, ob Sophie viel davon hat, sich zu Hause zu öffnen. Sie könnte dabei weiteren Schaden nehmen.

Einer der Gründe, warum wir dieses Buch schreiben wollten, besteht in unserer Überzeugung, dass Eltern, Lehrer:innen und Berater:innen viel für Kinder tun können, wenn sie aus einer mentalisierenden Grundhaltung heraus *wirklich Kontakt* herstellen. Jeder von uns kann einem Kind, einer Jugendlichen, einem Nachbarn oder einer Kollegin das Gefühl geben, dass er/sie mentalisiert wird, sodass Raum entsteht, sich dem anderen zu öffnen. Nicht nur für den einen anderen, der dieses Samenkörnchen einpflanzt, sondern auch für viel mehr Menschen. Offenheit, von anderen etwas zu lernen, ist das größte Gut, das wir Menschen geben können, um sie resilienter zu machen.

Mit welchem Kind möchten Sie diese Woche wirklich in Kontakt treten? Wie werden Sie das angehen?

10.6 Zusammenfassung

In diesem Kapitel haben wir besprochen, welche Herausforderung die Pubertät für verletzliche Jugendliche darstellen kann. Dabei sind wir auf das neuere Konzept des P-Faktors gestoßen, der die Anfälligkeit eines Menschen für die Entwicklung psychischer Probleme misst. Wir haben diese Verletzlichkeit oder Anfälligkeit auch mit den grundlegenden Themen dieses Buches in Verbindung gebracht: mit Bindung, Mentalisierung und epistemischem Vertrauen. Sicher gebundene Kinder, die sich mentalisiert fühlen, werden selbst besser mentalisieren und für verlässliche Informationen von anderen offener sein (epistemisches Vertrauen), wodurch sie sich flexibel und resilient entwickeln werden. Daher ist die Wahrscheinlichkeit, dass bei ihnen psychische Probleme auftreten, geringer. Umgekehrt werden Kinder mit unsicherer Bindung sich selbst und andere oft weniger gut mentalisieren und sind daher epistemisch misstrauischer oder sogar erhöht wachsam. Dies kann zu einer Rigidität führen, die sie in Gefühls-, Gedanken-, Verhaltens- und Beziehungsmustern festhält, die nicht hilfreich sind. Und das macht sie oft anfälliger für psychische Erkrankungen.

Der wichtigste Punkt, den wir in diesem Kapitel hervorheben wollten, besteht darin, dass jeder von uns einen Unterschied machen kann. Wenn wir die Resilienz von Kindern und Jugendlichen stärken wollen, ist es am wichtigsten, *wirklich Kontakt* herzustellen. Einen Kontakt herzustellen, bei dem ein Samenkörnchen eingepflanzt wird, das es diesem Kind, dieser Jugendlichen oder diesem Erwachsenen wieder ermöglicht, sich dem Guten in dieser Welt zu öffnen und sich angesichts all der Herausforderungen, die das Leben an uns stellt, wieder helfen zu lassen.

Epilog

Als wir mit diesem Buch begannen, war es unser Plan, die reichhaltigen Theorien über Bindung, Mentalisierung und epistemisches Vertrauen so zugänglich wie möglich zu machen. Wir hofften, dass auf diese Weise nicht nur Psychotherapeut:innen davon profitieren könnten, sondern auch Eltern, Lehrer:innen und andere Berater:innen. Hinzu kam, dass sich die Theorie des Mentalisierens in den letzten Jahren rasant entwickelt hat und Konzepte wie das epistemische Vertrauen noch nicht wirklich Eingang in die Praxis gefunden haben, auch nicht unter Therapeut:innen. Während wir das Buch schrieben, wurde aus dem Plan zunehmend eine Mission. Unsere Überzeugung wuchs, dass tatsächlich viel damit zu gewinnen wäre, wenn diese Theorien auch außerhalb des klinischen Bereichs mehr Verbreitung finden würden. Wir glauben, dass der Bildungs- und Erziehungsbereich und der große Bereich der Hilfe und Beratung von einem besseren Verständnis dieser Theorien profitieren können.

Jeder von uns kennt wohl einen Schüler, eine Nachbarin, einen Klienten oder eine Jugendliche, der/die sich allein und unverstanden fühlt. Vielleicht sehen wir das – wie viele andere auch –, zögern aber, wirklich Kontakt mit ihnen aufzunehmen und etwas für sie zu tun. Oder wir denken, es werde sowieso keinen Unterschied ausmachen. Dies soll die Botschaft dieses Buches sein: Jeder kann einen Unterschied machen. Jemandem das Gefühl zu geben, dass er von Bedeutung ist, sich Gedanken über jemanden zu machen, mit jemandem in Kontakt zu treten, der vielleicht schon lange keinen Kontakt mehr hatte, das macht einen Unterschied. Und vielleicht einen größeren, als Sie denken. Wenn Sie die Lehrkraft sind, die ein Kind trotz seines störenden Verhaltens sieht und versteht, sind Sie vielleicht die erste Person, der etwas von dessen beschädigtem epistemischem Vertrauen wiederherstellt. Wenn Sie der Hausarzt sind, der den launenhaften Jugendlichen in der Sprechstunde kurz sehen und erreichen kann, setzen Sie vielleicht einen Prozess der Salutogenese in Gang. Dann öffnen Sie etwas, das vorher verschlossen war und keine Veränderung mehr zuließ. Dann pflanzen Sie in diesem Kind oder Heranwachsenden das Samenkorn, das diesen Menschen aufblühen lassen kann.

ÜBER DIE AUTOR:INNEN

Joost Hutsebaut ist klinischer Psychologe. Er hat an der Katholischen Universität Löwen promoviert und arbeitet seit 2004 bei *De Viersprong* in Bergen op Zoom. Dort arbeitet er mit Jugendlichen mit Borderline-Problemen und deren Familien im Programm MBT-early. Zudem ist er auch als Forscher am *Knowledge Centre for Personality Disorders* und an der Universität Tilburg tätig. Er veröffentlicht häufig in nationalen und internationalen Fachzeitschriften Artikel über Persönlichkeitsstörungen. Sein Hauptinteresse gilt dem Auftreten schwerer Persönlichkeitsstörungen bei Jugendlichen.

Liesbet Nijssens ist klinische Psychologin und psychoanalytische Psychotherapeutin. Seit 2007 arbeitet sie als MBT-Therapeutin (Mentalization Based Treatment) bei *De Viersprong* in Bergen op Zoom. Sie ist eingetragene Supervisorin und Lehrtherapeutin bei der Flämischen Vereinigung für Psychoanalytische Therapie (VVPT) und zertifizierte MBT-Trainerin und Supervisorin des *Anna Freud National Centre for Children and Families* (AFNCCF, London). In dieser Eigenschaft ist sie am Kompetenzzentrum MBT Niederlande und MBT Belgien tätig. Außerdem ist sie aktiv an der Betreuung von Gesundheitseinrichtungen beteiligt, die eine MBT-Behandlung durchführen möchten. Ein besonderer Schwerpunkt ihrer Arbeit ist die Unterstützung von jungen Eltern mit Persönlichkeitsproblemen und die Stärkung des elterlichen Mentalisierens. Im Jahr 2010 entwickelte sie *MBT-Parents* (MBT-P), ein Behandlungsmodul für Eltern mit einer Borderline-Persönlichkeitsstörung und ihre kleinen Kinder. Als Doktorandin in der Forschungsgruppe Klinische Psychologie an der Katholischen Universität Löwen erforscht sie das elterliche Mentalisierungsvermögen und dessen Zusammenhang mit der kindlichen Entwicklung. Sie hat mehrere nationale und internationale Publikationen über Elternschaft, Persönlichkeitsstörungen und Mentalisieren veröffentlicht.

Miriam van Vessem ist klinische Psychologin und arbeitet bei der

Psychischen Gesundheitsfürsorge Eindhoven (GGzE). Sie arbeitet seit über 20 Jahren mit Erwachsenen und Jugendlichen mit Persönlichkeitsstörungen, davon etwa 12 Jahre im Rahmen von MBT-Programmen (Mentalization Based Treatment) in verschiedenen psychiatrischen Einrichtungen. Neben ihrer Tätigkeit als Therapeutin ist sie an der Implementierung und Entwicklung der MBT-Methodik in Teams beteiligt. Sie bietet auch Ausbildung, Trainings und Supervisionen auf dem Gebiet von Persönlichkeitsstörungen und MBT an.